Claudia Ludwig

Tiere suchen ein Zuhause

über Tiere, Tierschutz und Tierhaltung

das Begleitbuch zur

Fernsehsendung

Redaktion: Gina Göss

Bildnachweis:

Britta Albrecht, Köln: S. 69
Helene Engelmayer, Giengen: S. 30, S. 81 links oben
Dr. Dorit Feddersen-Petersen, Kiel: S. 127
Herwig Gold, Überlingen: S. 10 links oben, S. 89
Gina Göss, Köln: S. 21 rechts unten, S. 23, S. 26, S. 61, S. 104
Dr. Claudia Ludwig/Dinkel, Frankfurt: S. 8, S. 10 rechts oben, S. 11, S. 12, S. 13, S. 15 links, S. 17, S. 20, S. 21 links oben, S. 22, S. 24, S. 25, S. 29 links oben und unten, S. 31, S. 32, S. 34, S. 35, S. 36, S. 37, S. 41 oben rechts, S. 43, S. 44, S. 45, S. 47, S. 49, S. 52, S. 57, S. 60, S. 62, S. 63, S. 64 oben, S. 65,
S. 66, S.67, S. 68, S. 70, S. 71, S. 73, S. 75, S. 76, S. 77, S. 80, S. 81 rechts unten, S. 83, S. 85, S. 86, S. 95, S. 105, S. 106, S. 107, S. 109, S. 125, S. 138, S. 141
Hubert Maschulla, Bad Bentheim: S. 28, S. 96, S. 99
Monika Siebert, Stardust Produktionen, Köln: S. 9, S. 10 links unten, S. 41 unten links und rechts, S. 51, S. 54, S. 58 links unten, S. 64 unten, S. 90, S. 91, S. 93, S. 98, S. 101, S. 111
Fritz Traut: S. 39
TSV Bielefeld: S. 19
WDR-Pressestelle: S. 87
Gabriele Winkler, Köln: S. 7, S. 15 rechts, S. 29 rechts oben, S. 58 rechts oben, S. 59, S. 79, S. 110

Für Anton, Emil & Paquita

TIERE SUCHEN EIN ZUHAUSE
Claudia Ludwig
© 1996 by Walter Rau Verlag, Düsseldorf
Alle Rechte der Verbreitung in deutscher Sprache, auch durch Film, Funk, Fernsehen, fotomechanische Wiedergabe, Tonträger jeder Art und auszugsweiser Nachdruck, sind vorbehalten.

Titelfoto:
Veterinär-medizinische Beratung: Dr. vet. med. Elke Mundt-Adam, Dedendorf
Umschlaggestaltung und Layout: Miguel Carulla, Kirsten Mehnert, Düsseldorf
Gesamtherstellung: Walter Rau Verlag GmbH & Co. KG

ISBN 3-7919-0673-9

Gedruckt auf umweltfreundlichem, chlorfrei gebleichtem Papier

Inhalt

1. VORWORT 5
   Wolfgang Apel, Präsident des DTB

2. EINFÜHRUNG 6
   Gina Göss

3. AM ANFANG STEHT
   IHR INTERESSE 8

4. DIE TIERE 9
   Schwere Fälle &
   „Langzeitinsassen" 9
   Welpen 10
   Attraktive Tiere 11
   Tierarten 11
   1. Hunde 12
      Hunde im Studio 12
      Mit dem „roten Teppich" 13
      Große Hunde – kleine Hunde 14
      Schäferhunde 17
      Andere Rassehunde 18
      Mischlinge 20
   2. Katzen 25
      Zunächst ein paar Zahlen ... 25
      Katzen im Studio 28
      Katzenschutzorganisationen 30
      Einzeltiere 32
      Pärchen 32
      Zweit- oder Drittkatze 33
      Virusträger 34
      Verwilderte Streuner 36
      Freigänger 38
      Jungtiere 40
      Rassekatzen 41
      Europäisch Kurzhaar 42

   3. Kleintiere und Nager 44
      Hamster 47
      Meerschweinchen 48
      (Zwerg)Kaninchen 49
      Ratten und Mäuse 50
      Ziegen und Schafe 51
      Pferde und Esel 52
      Vögel 55

5. DIE VERMITTLUNG 58
   1. Wenn Sie sich für ein
      Tier interessieren 58
   2. Wenn die Telefone heißlaufen 59
   3. Wie eine Vermittlung
      vor sich geht 61
      1. Der Schutzvertrag 62
      2. Die Kontrolle 63
      3. Die Vermittlungsgebühr 66

6. DER EINZUG 70
   1. Die Eingewöhnung 70
      1. Hunde 70
      2. Katzen 71
   2. Drei beispielhafte
      Katzengeschichten 72
      1. Der scheue Anton 72
      2. Die Gartentiger 76
      3. Die Schulkatze 78
   3. Was braucht Ihr Tier? 79
      1. Hunde 79
      2. Katzen 80
         Zubehör 81
         Körperpflege 84
      3. Kleintiere und Vögel 86
         Beispiel Streifenhörnchen 86

Inhalt

	Zubehör und (Transport-)Käfige	88
7.	DIE FILME – DAS HAPPY-END	89
	Tiere fanden ein neues Zuhause	89
	1. Timo, der Herzensbrecher	91
	2. „Immer den Ältesten!"	92
	3. Drei Beine – drei Katzen	92
	4. Schwarzer Westhighland-Terrier-Doppel-Ersatz	93
	5. Problemhund Rex	93
	6. Zwei ungleiche Paare	95
8.	DIE SONDERSENDUNGEN	97
	Tiere finden ein Zuhause im zweiten Anlauf	97
9.	DAS TEAM	99
10.	DIE VEREINE – DIE GESPRÄCHSPARTNER	100
	WER STELLT VOR?	100
11.	WAS ICH MIR FÜR DEN TIERSCHUTZ WÜNSCHEN WÜRDE	101
	1. Vorbildliche Arbeit!	101
	2. Mehr Effektivität!	102
	3. Mehr Zusammenarbeit!	103
	4. Mehr Verständnis!	104
12.	WAS ICH MIR FÜR DIE TIERE WÜNSCHEN WÜRDE	105
13.	WAS HABEN WIR BISHER ERREICHT?	108

14.	NACHWORT	108
15.	DIE STATISTIK	110
16.	VERHALTENSTÖRUNGEN UND „PROBLEMVERHALTEN" BEI HUND UND KATZE	113
	Dr. Dorit Urd Feddersen-Petersen	
	Ursachen von Verhaltensstörungen	115
	Hunde	116
	Symptome anderer erworbener Verhaltensstörungen	121
	Symptome genetischer Defekte	121
	Wie soll man sich bei Verhaltensstörungen von Hunden verhalten?	122
	Katzen	122
	Problemverhalten beim Hund	123
	Problemverhalten bei Katzen	125
	Probleme mit Menschen	126
17.	ANHANG	128
	1. Tiervermittlungssendungen im Fernsehen	128
	2. Kontaktadressen Tierschutzorganisationen	128
	1. Dachverbände	128
	2. Teilnehmer-Vereine von „Tiere suchen ein Zuhause"	129
	3. Literaturhinweise	134
	4. Anmerkungen	136
18.	INDEX	143

1. Vorwort

Sehr geehrte Damen und Herren,
Liebe Tierfreunde,

mit seiner Sendung „Tiere suchen ein Zuhause" unterstützt der WDR die Arbeit der örtlichen Tierschutzvereine in großartiger Weise, wird durch diese Sendung doch deutlich, wie viele liebenswerte „Tierpersönlichkeiten" in unseren Tierheimen auf ein neues Herrchen oder Frauchen warten. Zum Erfolg dieser Sendung trägt sicherlich auch die erfrischend muntere, gleichzeitig aber auch sachverständige und liebevolle Art bei, in der die einzelnen Tiere und deren Schicksale vorgestellt werden.

Wir alle würden uns wünschen, daß es überhaupt keine Tierheime mehr geben müßte. Doch die Realität sieht leider anders aus. Die ehrenamtlichen Tierschützer, die sich „vor Ort" für die Tiere einsetzen, haben alle Hände voll zu tun. Sie übernehmen mit der Fundtierbetreuung eine Aufgabe, für die die Gemeinden zuständig sind, und opfern dafür vielfach einen großen Teil, wenn nicht sogar ihre gesamte persönliche Freizeit. Doch ohne dieses ehrenamtliche Engagement wäre die tierschutzgerechte Betreuung der Tiere überhaupt nicht möglich.

Das Personal in den Tierheimen ist knapp, und zu der zeitlichen und körperlichen Belastung der Mitarbeiter kommt auch immer noch die Sorge um das Schicksal der einzelnen Mitgeschöpfe und der besonderen Problemtiere dazu, mit denen die Tierschützer tagtäglich konfrontiert sind. Bitte haben Sie daher auch Verständnis, wenn Sie im Tierheim vielleicht einmal überarbeitete und gestreßte Mitmenschen antreffen, die gerade kein strahlendes Sonntagslächeln aufgesetzt haben. Denn diese sind es, die mit den „Tieren der Wegwerfgesellschaft" direkt konfrontiert werden.

Ich hoffe, daß dieses Buch viele Tierfreunde ermutigt, im Tierheim vorbeizuschauen und einem der dortigen Tiere ein neues Zuhause zu geben. Und vielleicht können Sie bei dieser Gelegenheit „Ihren" Tierschutzverein auch gleich einmal fragen, womit Sie dem Verein und den dortigen Tieren darüber hinaus am besten helfen können. Wenn Sie nicht direkt tätig werden können, so wäre eine Mitgliedschaft im Tierschutzverein schon eine großartige Unterstützung. Ohne eine starke „Lobby" hätten es die Tierschützer doppelt so schwer.

In diesem Sinne,

Wolfgang Apel
Präsident des Deutschen Tierschutzbundes e.V.

2. Einführung

Gina Göss, Redakteurin

Liebe Leserinnen und Leser

Mit großen, grünen Augen blickt der zierliche, schwarze Kater in die Kamera und zieht die Zuschauer in seinen Bann. Und diesem tierischen Augenblick kann sich kaum jemand entziehen – denn jeder interpretiert die Tieraugen auf seine Weise. Das ist das Erfolgsgeheimnis von „Tiere suchen ein Zuhause".

Inzwischen buhlen auf fast allen Fernsehkanälen Tiere bellend oder miauend um die Gunst der Zuschauer. Tierisch unterhaltsam geht es zu: von der Hamstershow bis zum Serienstar auf vier Pfoten. Eine wahre Inflation. Doch die meisten der tierischen Stars, die erfolgreich Verbrecher jagen, tolle Kunststücke können oder ihren Besitzern alle Wünsche von den Augen ablesen, haben wenig mit „normalen" Haustieren gemeinsam. Und die Enttäuschung der Tierhalter ist oftmals groß, wenn der neu angeschaffte Schäferhund statt den Telefonhörer abzunehmen bei Regenwetter spazierengehen möchte und dann weniger putzig, sondern meist schmutzig aussieht.

„Tiere suchen ein Zuhause" zeigt die Schattenseiten des menschlichen Umgangs mit Tieren. Hinter jedem Tier in unserer Sendung verbirgt sich ein eigenes, in den meisten Fällen recht trauriges Schicksal. Und doch steht es stellvertretend für viele namenlose Tiere in nordrhein-westfälischen Tierheimen.

Wegwerftiere, die brutal mißhandelt oder unbedacht angeschafft wurden. Tiere als Konsumartikel, die, sobald sie lästig werden, auf die „Müllkippe" Tierheim abgeschoben werden.
Doch dies ist nur die eine Seite. Denn viele Menschen trennen sich schweren Herzens von ihrem Tier. Hinter den meisten Tierschicksalen verbergen sich menschliche Tragödien. Arbeitslosigkeit, Scheidung, Wohnungswechsel, Abschiebung ins Altersheim, plötzliche Krankheit und immer häufiger Allergien sind nur einige Gründe, warum Tiere im Heim landen. Die Geschichten der Tiere sind auch die Geschichten ihrer ehemaligen Besitzer – ein Stück gesellschaftliche Realität.

So ist es auch kein Zufall, daß die Zahl der Haustiere, vor allem in Großstädten, ständig steigt. Hinter dem Wunsch, mit Tieren zu leben, verbirgt sich oftmals die Sehnsucht nach einem Stück verlorener Natur, nach unbefangener Lebendigkeit, nach Zuneigung, die in unserem Alltag häufig fehlen. Doch menschliche Tierliebe treibt seltsame Blüten. Vom verhätschel-

2. Einführung

Gina Göss mit dem Team von „Tiere suchen ein Zuhause"

ten, verfetteten Schoßhund über die scharfgemachte Kampfmaschine bis hin zum hochgezüchteten Rassehund, der sein niedliches Gesicht mit täglicher Atemnot bezahlen muß.

Täglich werden Tierschützer mit dem Leid der Tiere konfrontiert und versuchen, soweit es in ihren Kräften steht, zu helfen. Tierschützer erfüllen damit eine wichtige gesellschaftliche Arbeit. Allein in Nordrhein-Westfalen landen jährlich schätzungsweise 50 000 Tiere in den meist überfüllten Tierschutzheimen.

Seit über fünf Jahren unterstützt der WDR Tierschutzvereine bei der Tiervermittlung via Bildschirm. „Tiere suchen ein Zuhause" hebt einige wenige aus der anonymen Masse heraus und gibt den Tieren Namen und Gesicht. Und schafft eine Öffentlichkeit im positivsten Sinne.

Im Gegensatz zu den großen Problemen dieser Welt lassen sich die Probleme der Tiere in unserer Sendung lösen. Die Sendung und auch dieses Buch möchten zu einem verantwortungsvolleren Umgang mit Tieren ermuntern und für die Bedürfnisse der Haustiere sensibilisieren.

Jeder hat die Möglichkeit, ein kleines Stück Elend und Not zu vermindern und handelnd einzugreifen.

3. Am Anfang steht Ihr Interesse

... ein besonders hübscher Tierheim-Grautiger

𝓔s gibt viele Gründe, sich ein Tier ins Haus zu holen. Und es gibt viele Möglichkeiten, dies zu tun. Ein Beispiel, wie es sich abspielen könnte: Eine Familie trägt sich schon länger mit dem Gedanken, sich wieder eine Katze anzuschaffen. Im stolzen Alter von 17 Jahren und nach einem äußerst erfüllten Stubentigerleben ist vor einiger Zeit ihre damalige Katze gestorben. Die Familie wollte danach eigentlich kein neues Haustier mehr. Zu schlimm waren Schmerz und Trauer, zu groß die Angst davor, nach einigen Jahren wieder Abschied für immer nehmen zu müssen.

Aber so ganz ohne Katze geht es eben auch nicht. Das hatte die Familie bereits nach wenigen samtpfotenlosen Wochen festgestellt. Daran konnte und mochte sie sich auch nicht gewöhnen. Ein Blick ins WDR-Fernsehprogramm löste das Problem. Denn da war sie, die würdige Nachfolgerin: eine kleine Grautigerin. Geduldig wählen die Interessenten immer wieder die Telefonnummer des Tierschutzvereines, bis sie schließlich durchkommen, und damit auch ans Ziel – ein neues Haustier ist gefunden.

Und wie solch eine Tiervermittlung vonstatten geht, erzählt – neben vielen anderen Geschichten über Tiere, Tierschutz und Tierhaltung – dieses Buch.

4. Die Tiere

*D*ie Tiere sind unsere Hauptpersonen, unsere Stars. Das können unsere Zuschauer auch bei der Kameraführung und Regie der Sendung beobachten. In Großaufnahme sind fast immer nur die Tiere zu sehen, selten die Gesprächspartner. Und das ist auch richtig so: Die Tiere sollen hier im Mittelpunkt stehen!

SCHWERE FÄLLE & „LANGZEITINSASSEN"

Dabei ist es selbstverständlich nicht Sinn der Sendung, möglichst attraktive Tiere zu zeigen. Denn die können die Tierschutzorganisationen in der Regel auch alleine ans neue Frauchen oder Herrchen bringen. Statt dessen ermuntern wir ausdrücklich dazu, die „schweren Fälle" mitzubringen, die Tiere, die schon lange im Tierheim sitzen, oder die, die auf Grund einer Behinderung geringere Aussichten auf Vermittlung haben als andere.

Diese Tiere haben durch unsere Sendung eine große Chance, das ideale Zuhause zu finden – schlichtweg, weil so viele Menschen zuschauen und die Tierschützer unter verschiedenen Interessenten den geeignetsten heraussuchen können. Hier macht also die Quantität die Qualität!

So konnte beispielsweise ein dicker Münsterländer-Mischling namens Räuber, der – sage und schreibe – sechs Jahre im Tierheim des Tierschutzvereines Höxter-Warburg saß, sein Zuhause finden. Es

Räuber

handelte sich dabei um eine Familie mit drei Kindern, die noch nie einen Hund hatte, sich allerdings beim Anblick Räubers sofort einig war: „Der oder keiner!" – Liebe auf den ersten Blick.

Der große, schwarze Mischling Seves mußte drei volle Jahre im Tierheim Essen verbringen, ohne dort auch nur die geringste Aufmerksamkeit auf sich lenken zu können. Bereits als Einjähriger war er beim Tierschutz gelandet, wurde nun älter und älter, ohne daß sich etwas tat. Drei Viertel seines Lebens saß er nun schon im Heim. Zum Zeitpunkt seines Fernsehauftritts war der vierjährige Rüde

4. Die Tiere

Zwei Boxermischlingswelpen

Meist kann der Tierschutz Katzennachwuchs in allen Farben bieten

deshalb nicht mehr stubenrein. – Jetzt ist er gemeinsam mit einem kleineren, schwarzen Mischling Herr auf einem belgischen Schloß mit großem Park! Sein neues Frauchen hatte sich mit der Fernbedienung durch die Programme geschaltet,

Seves

sah Seves und wollte ihn sofort haben. Die junge Frau war tatsächlich die einzige Interessentin, die sich für Seves gemeldet hatte. Ein einziger Anruf – und der war's! Das sind die Momente, die das ganze Team von „Tiere suchen ein Zuhause" freuen, die Erfolge, die uns zeigen, daß sich die Sendung lohnt. Auf einige unserer Vermittlungen werde ich später noch zu sprechen kommen.

WELPEN

Hunde- oder Katzenwelpen werden Sie selten bei uns zu sehen bekommen. Denn die würden, erstens, den anderen Kandidaten – und vor allem den „schweren Fällen" – die Show stehlen. Und, zweitens, dürfte deren Vermittlung für ein gut funktionierendes Tierheim kein Problem sein. Aber auch hier machen wir in Notfällen Ausnahmen.
Wenn, wie leider so oft im Frühling, Spätsommer oder Herbst, die Tierschutzvereine in Katzenbabys ertrinken oder wenn ein kleiner Verein mit einem Schlag

4. Die Tiere

einen zehnköpfigen Wurf Hunde vor die Tür gesetzt bekommt. Und falls dies dann auch noch Rassen oder Mischungen sind, die einmal sehr groß werden, dann kann es schon sinnvoll sein, den Nachwuchs über „Tiere suchen ein Zuhause" zu vermitteln – vor allem, weil so mit einer Vorstellung gleich mehrere Tiere „unter die Haube kommen".

Leider ist jedoch bei Welpen die Rücklaufquote höher als bei den erwachsenen Tieren – so genau sich die Tierschützer die Interessenten auch ansehen. Manchmal ist halt doch einer dabei, der sich von den niedlichen Tierkindern zu unüberlegtem Handeln verleiten ließ und den Hund oder die Katze wieder zurückbringt, wenn es mit der Stubenreinheit nicht gleich klappt oder etwas zerbissen wird oder der oder die Kleine einfach nur größer wird – viel größer manchmal. Wer sich dagegen für einen elfjährigen, einäugigen Mischling interessiert, für einen Hund, der auch noch schlecht hört und nur eine besondere Sorte Fleisch ißt, der wird sich vor seinem Anruf schon Gedanken gemacht haben und wahrscheinlich ein wirklicher Tierfreund mit dem entsprechenden Verantwortungsgefühl sein. Solche Leute bringen auch ein Problemtier nicht wieder zurück!

ATTRAKTIVE TIERE

Es soll aber nicht der Eindruck entstehen, daß nur alte, kranke, behinderte oder zumindest problematische Tierheim-Schützlinge vorgestellt werden. So ist es

Auch die sanftmütige Berner Sennenmischlingsdame Sonja landete im Tierheim

nicht. Trotz aller Bemühung um die schweren Fälle sind, ohne daß wir Wert darauf legen würden, die meisten Kandidaten sogar äußerst attraktive Tiere, bei denen man sich wundert, warum sie überhaupt im Tierheim landen. Es ist kaum zu glauben, aber auch die schönsten, sanftesten und unproblematischsten Hunde und Katzen werden massenhaft ausgesetzt oder abgegeben. Selbst Welpen oder teure Rassetiere kann man beim Tierschutz finden – eine traurige Tatsache, die sich unbedingt ein wenig mehr herumsprechen sollte!

TIERARTEN

Natürlich sind es in der Hauptsache Hunde und Katzen, die wir in der Sendung vermitteln, aber nicht nur! Inzwischen können wir schon auf eine ziemliche Vielfalt zurückblicken: Marder und Frettchen, Tauben, Papageien (einschließlich Wellensittiche), Kanarienvögel, Zebrafinken, Pferde, Ziegen und Schafe, ein Hausschwein (Gustav!), ja, sogar einen

4. Die Tiere

Typische Tierheimschützlinge

kleinen Frischling (Otto!) haben wir schon vorgestellt. Auf die häufigsten Tierarten möchte ich jedoch der Reihe nach eingehen.

1. Hunde

Hunde im Studio

Der „älteste Freund des Menschen" ist unser häufigstes Tier. Aus verschiedenen Gründen:
Erstens: Hunde fahren in der Regel gerne Auto. Anreise und Studioatmosphäre machen ihnen kaum Probleme. Manche genießen den abwechslungsreichen Ausflug aus dem Tierheimalltag sogar.

Zweitens: Hunde lassen sich erfahrungsgemäß besonders gut übers Fernsehen vermitteln. Sie präsentieren sich gut, machen mitunter mal ein bißchen Quatsch. Bei Katzen ist das deutlich weniger der Fall, wobei es natürlich auch hier Ausnahmen gibt.

Drittens: (Vor allem große) Hunde sind fast immer das Hauptproblem in den Tierheimen. Sie essen viel und müssen ausgeführt werden, sie brauchen viel Platz und lassen sich nicht so einfach in großen Räumen gemeinsam unterbringen wie die meisten Katzen. Ob eine Katze mehr oder weniger im Katzenhaus sitzt, ist für einen Tierschutzverein nicht so entscheidend, aber wenn der gefräßige Neufundländer[1)]

4. Die Tiere

Auch dieser Langhaarschäfermix wartet schon lange auf ein neues Zuhause

vermittelt wird, der sich noch dazu mit keinem anderen Hund versteht, ist die Erleichterung schon groß.

Mit dem „roten Teppich"

Oft denke ich: Noch interessanter als unsere Sendung ist mitunter das, was drumherum so alles passiert. Einmal weigerte sich ein Hund schlichtweg, unseren Studio-Pavillon in Köln-Bocklemünd zu betreten. Er war dabei keineswegs aggressiv, sondern eher scheu und unsicher. Nur in einem war er sich ganz sicher: Da hineingehen würde er auf keinen Fall! Und da es sich um einen sehr großen und starken Vertreter handelte, hätten wir auch mit dem stursten Esel kaum mehr Probleme haben können. Es half kein Zureden, kein Schieben oder – sanftes – Ziehen.

Ich holte ein großes Stück Wurst, wollte ihn damit locken und ganz nebenbei zeigen, wie man als Profi mit Hunden

umgeht. – Ich scheiterte kläglich und durfte die verschmähte Wurst an dankbarere Interessenten verteilen. Der Hund sträubte sich immer noch. Wir wollen den Tieren natürlich auch keine Gewalt antun und versuchten es daher weiterhin erfolglos mit Überredung.

Da hatte ein Kabelhelfer eine Idee: „Vielleicht mag er die nackte Betonrampe nicht und will lieber einen Teppich?" – Die Rampe ist allerdings weder glatt noch steil. Noch nie hatte ein Vierbeiner damit Probleme gehabt und nach einem Teppich verlangt. Aber – ausprobieren kann man es ja einmal: Es wurde also ein Teppich gesucht und gefunden und ausgerollt. Und siehe da, der Hund trabte sofort

Große, schwarze Hunde lassen sich besonders schwer vermitteln

4. Die Tiere

ruhig und wie selbstverständlich ins Gebäude. Tja, so mancher Tierheimschützling möchte schon standesgemäß empfangen werden. Und wir gehen gerne auf die Bedürfnisse aller unserer Gäste ein!

Große Hunde – kleine Hunde

Vor allem die großen Hunde sitzen besonders lange in den Tierheimen. Denn der Anschaffungstrend geht so eindeutig in Richtung kleinwüchsige Hunde, daß so mancher Tierschützer schier verzweifelt. Doch warum ist das eigentlich so?

Die meisten Leute denken, weil kleine Hunde handlicher sind, seien sie auch unproblematischer als ihre großen Artgenossen. Das stimmt natürlich nicht – und ist das **Vorurteil Nr. 1:**
Sicher, Sie kommen eher mit einem kleinen Hund in ein Restaurant als mit einem Bernhardiner. Und Sie werden dabei mit einem Dackel wahrscheinlich auch weniger unfreundlich angesehen. Auch Wohnungssuche ist mit einem kleinen Hund etwas einfacher, genau wie Taxifahren oder ein Hotelzimmer zu finden. Und im Flugzeug darf ein kleiner Vierbeiner mit etwas Glück sogar auf Ihrem Schoß reisen, während der Schäferhund auf jeden Fall in einer Box zwischen dem Gepäck gestapelt wird und obendrein auch noch mehr kostet.

Aus all diesen Vorteilen darf man aber nicht den Trugschluß ziehen, der kleine Hund selbst sei unproblematischer. Es ist nur die Umgebung, die auf kleine Hunde unproblematischer reagiert. Und deshalb muß ich jetzt einmal eine Bresche für den großen Hund schlagen:

In ihrem Verhalten sind nämlich gerade oft die großen Hunde verträglicher. Sie kläffen weniger, und falls doch, dann klingt ihre Stimme nicht so grell. Sie sind oft gemütlicher, gelassener und ruhiger. Was soll ihnen denn auch passieren? Sie werden nicht so oft übersehen und versehentlich getreten. Im wahrsten Sinne des Wortes sehen sie alles aus einer souveräneren Perspektive und erschrecken nicht so schnell. Und deshalb sind auch gerade für Kinder oft größere Mischungen und Rassen die geeigneteren Kameraden, vor allem, wenn zusätzlich dazu noch die Instinkte eines Hütehundes in ihnen schlummern.

Vorurteil Nr. 2 lautet: Große Hunde brauchen Haus und Garten. In einer kleinen Wohnung kann man nur einen kleinen Hund halten. Das klingt zwar gut und logisch und hat sich leider selbst bei Tierheim-Mitarbeitern entsprechend eingebürgert. Trotzdem stimmt es aber einfach nicht.

Bewegungsdrang und Platzbedarf eines Hundes hängen von seinem Alter und seinem individuellen Temperament ab. Und letztgenanntes wird weniger von seiner Größe als vielmehr von seiner Rasse oder den Rassen, die in ihm stecken, beeinflußt.

4. Die Tiere

Auch große Hunde müssen eine Chance bekommen

Bewegungsfreudige Hunde, wie dieser Husky, haben nichts von Haus und Garten, wenn sie nicht beschäftigt und gefordert werden

So gibt es große und schwere Rassen, die schon in jungen Jahren gerne den ganzen Tag faul herumliegen und einen Garten gar nicht zu schätzen wissen, während ein kleiner Terrier(mix) vielleicht den ganzen Tag wie ein Verrückter über den Rasen rennen und seine Knochen ein- und ausgraben möchte!

Außerdem befriedigen nicht Haus und Garten das Bewegungsbedürfnis eines Hundes, sondern lange Spaziergänge. Wer mit seinem Hund täglich läuft, wandert, joggt, radfährt, herumtobt oder Hundesport betreibt, kann abends sogar einen zufriedenen Windhund auf dem Teppich der Zwei-Zimmer-Etagenwohnung liegen haben. Dagegen hat ein Husky mit Haus und Garten gar nichts davon, wenn er nicht entsprechend beschäftigt und gefordert wird. Und ein Hund soll sich ja auch nicht immer nur den ganzen Tag zu Hause aufhalten, sondern mit seinen Menschen zusammen dort sein, wo sie sind.

Und noch ein Wort zum vielgepriesenen Landleben für große Hunde: Natürlich ist es schön, wenn ein Hund durch Felder, Wälder und Wiesen toben kann, statt im Großstadtgewirr zwischen parkenden Autos einen Platz zum Beinheben suchen zu müssen. Wenn ich aber die unzähligen Hofhunde an der (Lauf)Kette[2)] oder im Zwinger betrachte, dann gehört ihnen

4. Die Tiere

mein Mitleid – und nicht dem Großstadt-Hund, der mit an den Baggersee darf, täglich seine Kumpels im Park trifft und am Wochenende das Bergische Land durchwandert!

Es ist mir besonders wichtig, meine Meinung hierzu ausführlich zu äußern, weil sich – zu Recht – immer wieder viele Zuschauer darüber beschweren, daß die Tierschützer in unserer Sendung so oft und bei möglichst jedem Hund betonen, das Tier müsse wohin, wo es Haus und Garten hat. Natürlich kann es dafür gute Gründe geben, wie Gewohnheit, Unsauberkeit, Gelenkkrankheiten, die ein Treppensteigen verbieten, oder Kläffen, das die Nachbarn in den Wahnsinn treiben würde. Aber Größe und Auslauf allein sind keine Argumente. – Außerdem machen wir ja keine Sendung nur für die „Besserverdienenden"!

Platz ist in der kleinsten Hütte! Ich selbst habe mit meinem (nicht reinrassigen) Schäferhund Mikis sieben Jahre in einer Großstadt-Ein-Zimmer-Wohnung gelebt. Das ging wunderbar. Aber das Mietshaus lag direkt am Wald, und wir beide waren fast immer den ganzen Tag zusammen unterwegs. Trotzdem hatte Mikis gelernt, sich platzsparend unter den kleinsten Bistrotisch zu rollen, freiwillig unter meinem Bett zu schlafen (Er liebte Höhlen!) und auch im engen Wohnmobil noch ein geeignetes Plätzchen zu finden. Als Flaschenkind war für ihn nur eines wichtig: Gesellschaft – und zwar möglichst die von Menschen!

Und schließlich **Vorurteil Nr. 3**: Ein größerer Hund verursacht mehr Kosten. – Aber Impfungen und andere veterinärmedizinische oder pflegerische Maßnahmen sind beim kleinen Hund genauso notwendig und teuer wie beim großen. Es können also nur die Futterkosten ins Gewicht fallen.

Ich erinnere mich noch genau daran, wie ich als frischgebackene Studentin feststellte, daß ich statt eines kleinbleibenden Mischlings einen Schäferhund adoptiert hatte. (Mikis war als Neugeborenes in einer Plastiktüte am Strand einer griechischen Insel gefunden worden. Man sah ihm nicht an, was einmal aus ihm werden würde.) Ich machte mir vor allem wegen der zu befürchtenden Futtermengen zunächst schreckliche Sorgen. Die folgenden mehr als dreizehn Jahre zeigten aber, daß es im Vergleich zu unseren früheren kleinen Hunden finanziell eigentlich keinen großen Unterschied machte, einen Schäferhund oder Schäferhundmischling satt zu kriegen.

Es gibt nämlich verschiedene Möglichkeiten, einen (großen) Hund preiswert zu ernähren, ohne daß darunter die Qualität des Futters leiden muß.[3]

Sicher, bei einer Dogge oder einem Mastiff oder Leonberger sieht das wahrscheinlich schon anders aus. Aber das supergroße Hauptproblem in Deutschlands Tierheimen sind nun einmal ganz eindeutig die Schäferhunde – Schäferhunde, Schäferhunde, Schäferhunde – und Schäferhundmischungen ...

4. Die Tiere

Schäferhunde im Tierheim werden oft nur sehr schleppend vermittelt, ganz einfach, weil es zu viele gibt

Schäferhunde

Es gibt einfach zu viele. Vor allem in den Tierheimen der Großstädte, wo der Trend zum kleinen Hund besonders ausgeprägt ist, können Sie wirklich reihenweise die mit Schäferhunden belegten Zwinger sehen. Und wie würden Sie die Chancen eines noch so prächtigen und lieben Schäferhundes oder Schäferhundmischlings einschätzen, wenn um ihn herum noch sechzig weitere sitzen?[4)]

Deshalb an dieser Stelle ein ganz klarer Appell an alle Tierfreunde: Wenn Sie sich mit dem Gedanken tragen, sich einen Hund anzuschaffen, und zu diesem Zweck in einem Tierheim nachsehen, überlegen

Schäferhündin Friedel hat sich in „ihrem" Tierheim als Betreuerin und Trösterin anderer Hunde unentbehrlich gemacht

Sie sich doch bitte, ob es nicht etwas Schäferhundmäßiges sein darf. Nicht nur diesem einen Tier, sondern dem ganzen

4. Die Tiere

Tierschutz würden Sie damit einen großen Dienst erweisen.

Und noch ein persönlicher Appell an Schäferhundzüchter: Wer tierschützerisches Verantwortungsbewußtsein hat, pausiert mit der Zucht, bis die bereits vorhandenen Schäferhunde aus unseren Tierheimen verschwunden sind.
Statt dessen verschärfen die Schäferhundzüchter das Problem kontinuierlich und werfen – allein in Deutschland, wo derzeit bereits knapp eine Million Schäferhunde leben – Jahr für Jahr immer noch knapp 30 000 neue Welpen auf den Markt. Vor etwa fünf Jahren waren es sogar noch 32 000!!! Dazu kommen jährlich zusammen mehr als 3000 neue Schäferhunde[5] in unseren Nachbarländern Schweiz und Österreich.

So viele gute Plätze, bei denen möglichst ausgeschlossen werden kann, daß ein Hund irgendwann wieder abgegeben wird, kann es meiner Meinung nach nicht geben! Die Zahlen stammen vom Verein für Deutsche Schäferhunde (SV), vom Österreichischen Kynologenverband (ÖKV) sowie von der Schweizerischen Kynologischen Gesellschaft (SKG), also den Dachverbänden der Züchter, in denen aber nicht einmal alle Hunde-Produzenten Mitglied sind. In Deutschland sind beispielsweise momentan nur etwa 3000 Züchter im SV organisiert. So steht zu befürchten, daß in der Realität die Zahlen noch deutlich höher liegen.

„Ja, aber ich kriege alle meine Welpen unter!" ist oft das Argument der Schäferhundzüchter. Aber erstens können auch diese Welpen später doch noch im Tierheim landen. Und zweitens könnte ja jeder Kaufinteressent statt dessen einem Tierheimhund ein neues Zuhause bieten. Das wäre doch schon ein erster, wichtiger Schritt zur Lösung des Problems. Auch in den Tierheimen gibt es nämlich jede Menge junge Schäferhunde, oft auch reinrassige, sogar mit „Roten Papieren"[6]. Um jedoch nicht noch zur Zucht zu animieren, werden etwaige Stammbaum-Papiere von den Tierschützern nur bei kastrierten Tieren mitgegeben.

Andere Rassehunde

Für den Fall, daß Sie die Sendung „Tiere suchen ein Zuhause" nicht regelmäßig verfolgen, möchte ich Ihnen noch kurz aufzählen, was – außer Schäferhunden, Schäferhunden, Schäferhunden – sonst noch an Rassehunden häufig in den Tierheimen zu finden ist: Auch Rottweiler haben wir oft in der Sendung. Und Dobermänner und Wolfsspitze. Unter den Jagdhunden sind es die Münsterländer, Cockerspaniel, Setter und Deutsch Drahthaar und natürlich Dackel. Die sehr sensiblen und bewegungsfreudigen Windhunde leiden besonders im Tierheim. Allein dreimal suchten schon Afghanen bei uns ein neues Zuhause. Unter den Nordischen Hunden fallen natürlich vor allem die Huskys auf. – Wir hatten schon mehrmals sowohl Sibirian als auch Alaskan Huskys – aber auch die etwas größeren Malamutes, die ein neues Zuhause suchten. Einmal präsentierten

4. Die Tiere

Dieses herrliche Samojeden-Gespann wurde vom Tierschutzverein Bielefeld vermittelt

4. Die Tiere

wir Ihnen aber auch schon die freundlichsten aller Schlittenhunde, Samojeden, in einer Folge. Des weiteren kann man Chow-Chows, Collies, Schnauzer, Terrier, Retriever und Labradore im Tierheim finden, ebenso Bernhardiner und Sennenhunde, Neufundländer, Landseer, Mastinos und ziemlich viele Doggen (sogar eine Bordeaux-Dogge hatten wir schon) sowie Bullterrier, Boxer und Pudel (Zwerg- und Königspudel). Beagles sind vielerorts geradezu regelmäßige Gäste, da sie von manchem Forschungslabor nach einer Versuchsreihe lieber an den Tierschutz[7] abgeben als eingeschläfert werden.

Die exotischste Hunderasse, die einmal – und zwar gleich mit zwei Exemplaren – in „Tiere suchen ein Zuhause" vorgestellt wurde, waren übrigens zwei echte Nackthunde!

Mischlinge

Deutschlands Lieblingshunderasse ist gar keine. Die Promenadenmischung hat nämlich längst den Spitzenplatz der Beliebtheitsskala erklommen – noch vor Schäferhund und Dackel. Keinen anderen Hund gibt es bei uns so häufig wie den Mischling. Dieser Trend ist erfreulich, hat er doch u.a. den Vorteil, daß offensichtlich immer mehr Menschen bereit sind, sich ihren neuen Hausgenossen aus einem Tierheim zu holen.

Leider gibt es aber auch einen Nachteil: Je mehr Tiere einer Rasse es gibt, um so mehr von ihnen gibt es automatisch auch in den Tierheimen. Denn die Zusammensetzung der Tierheim-Schützlinge spiegelt natürlich gewisse gesellschaftliche Gegebenheiten wider. Seit zum Beispiel mit den Schlittenhunderennen auch die Nordischen Hunde(rassen) immer mehr in Mode kamen, tauchen in den Tierheimen vermehrt ausrangierte Huskys auf. Und gibt es eben bundesweit furchtbar viele Schäferhunde, werden auch entsprechend viele abgegeben oder ausgesetzt.

Auch seine Reinrassigkeit hat ihn nicht vor dem Tierheim bewahrt!

Das gleiche gilt für Mischlinge: Um so mehr es gibt, um so mehr landen eben

4. Die Tiere

Das ist so ein typischer Tierheim-„Boomer"

Allerdings gestehen wir ihnen nicht nur rein quantitativ Platz Eins und damit die meiste Sendezeit zu. Auch sozusagen ideologisch-philosophisch gehört ihnen meine ganze Sympathie.

● Rassehund oder Mischling

Ein Bastard wird manchmal als weniger wertvoll oder weniger attraktiv eingestuft als ein Rassehund, so als sei der Mischling von geringerem Wert, nur weil er einfach weniger kostet oder weil er keinen Stammbaum vorweisen kann. Daß jemand einen Hund nicht nimmt, nur weil er nicht reinrassig ist oder weil er keine Papiere auch beim Tierschutz. Dazu kommt, daß man mit Mischlingen kaum Geschäfte machen kann. Zwar werden inzwischen bereits kleinwüchsige wuschelige Mischlinge vom Typ „Boomer" professionell gezüchtet, aber nach erwachsenen Tieren besteht wenig Nachfrage. Man versucht deshalb oft erst gar nicht, ältere Mischlinge weiterzuverkaufen, sondern gibt sie einfach ab oder wirft sie weg.

So nehmen die Bastarde ihren ersten Platz vor den Schäferhunden auch in der traurigen Tierheimstatistik ein! Und deshalb – folgerichtig – natürlich auch bei uns: Die meisten in „Tiere suchen ein Zuhause" vorgestellten Hunde sind Mischlinge.

Mischlingswelpen sind gut für Überraschungen: Argos, ein Hund von Gina Göss, wurde unerwartet hochbeinig

4. Die Tiere

Die Autorin hat ihre Hündin Selina auf einem sizilianischen Parkplatz gefunden. Wahrscheinlich handelt es sich dabei um einen Spitz-Dackel-Pinscher oder so ähnlich ...

hat, oder daß jemand von vornherein lieber zum Züchter geht, weil sein Haustier „vorzeigbar", also teuer und rassig sein muß, kann ich nicht nachvollziehen.

Der einzige wirkliche Vorteil eines Rassehundes ist, daß man bei einem Welpen ziemlich genau weiß, wie er einmal aussehen wird und wie groß er wird. Auch bereits einige seiner Charaktermerkmale lassen sich erahnen, da es etliche rassetypische Eigenschaften gibt, wie sie eben gerade bei Hüte-, Jagd-, Wind-, Nordischen Hunden, Chow-Chows oder Terriern u.a. auftreten.

Bei einem erwachsenen Mischling können Sie allerdings von den Pflegern im Tierheim etwas über seinen Charakter erfahren sowie entsprechende Schlüsse aus den an ihm beteiligten Rassen ziehen. Letzteres gilt natürlich auch bei der Entscheidung für einen Mix-Welpen, dessen endgültige Größe Sie einschätzen möchten.

Für mich gibt es also kaum etwas, was bei der Wahl zwischen Rassehund oder Mischling grundsätzlich für den Rassehund spricht, wohl aber etliches, was den Bastard favorisiert ...

4. Die Tiere

● Gründe für den Mischling

Ein Mischling ist einmalig. Keiner sieht aus wie der andere, allerhöchstens ähnlich. Oft sind sie wunderschön und können es schon rein äußerlich mit jedem Rasse-Champion aufnehmen. Vielleicht finden ja auch in einem Tierschutzverein Ihrer Region von Zeit zu Zeit einmal sogenannte „Mischlingshunde-Shows" statt, bei denen Sie sich selbst von deren rasseloser Attraktivität überzeugen können.

Natürlich kann so manche Mischung aber auch durch eher ungewöhnliche Proportionen auffallen. Das ist eben das kreative Spiel der Natur. Denn die hat hier Regie geführt und nicht der menschliche Zuchtehrgeiz, der ja mitunter geradezu schaurige Blüten treibt. – Und damit sind wir schon beim Hauptargument für den Bastard: Er ist nicht überzüchtet!

Daher sind Mischlinge in der Regel nicht nur psychisch, sondern auch physisch stabiler als ihre rassereinen Kollegen, d.h. robuster, charakterfester, intelligenter und gesünder. Natürlich gibt es auch Ausnahmen, bei denen das nicht zutrifft. Aber das sind dann eben Ausnahmen!

● Von „nicht ganz reinrassig" bis „Vollblutmischling"

Ich teile die Vielfalt an Mischlingen in die drei folgenden Kategorien ein:

1. Der „Vollblutmischling": Der ist schon über Generationen derart durchgemischt, daß man überhaupt keine Rasse mehr in ihm erkennen kann. Mit Sicherheit darf er bereits auf eine stolze Ahnenreihe von Mischlingen zurückblicken und ist daher ein sogenannter „Senfhund", also einer, bei dem, wie die Tierschützer zu sagen

Diese Mischlinge brauchen keine reinrassige Konkurrenz zu scheuen

4. Die Tiere

Schröders Mischung ist so perfekt, daß er es sogar einmal zu einem Fernsehauftritt mit Lisa Fitz brachte. In einer Quiz-Sendung mußten seine reinrassigen Eltern erraten werden

die äußerlichen Merkmale der beteiligten Rassen so harmonisch miteinander verbunden, daß der gemischte Nachwuchs bei einer Schönheitskonkurrenz die reinrassigen Eltern leicht hinter sich lassen könnte. Der zehnjährige Schröder ist in meinen Augen der schönste Hund, den ich kenne. Er kombiniert das Deftig-Knuddelige eines Bernhardiners mit der vornehmen Grazie eines Collies.

Ein großer Vorteil dieser Mischung ist, daß Schröder durch den Collie-Anteil nicht so schwer ist wie ein Bernhardiner. So kann er auch im Alter noch die Treppen bis zum 5. Stock laufen. In seinem ganzen Leben war er selten beim Tierarzt und ist auch charakterlich ein wahrer Schatz. Wer solch einen Hund besitzt, darf sich glücklich preisen. Was kann da noch ein Stammbaum für eine Rolle spielen?

pflegen, „jeder seinen Senf dazugegeben hat".

2. Der „Fifty-Fifty-Mischling": Er ist geradezu klassisch und kann zum Beispiel als „Doggen-Schäferhund", „Dackel-Pinscher", „Berner Sennen-Dobermann", „Cocker-Setter" oder „Pudel-Schnauzer" in Erscheinung treten. Denn seine Eltern sind oder waren zwar beide reinrassig, aber eben nicht von derselben Rasse!

Besonders schön finde ich es, wenn die beiden Rassen auch in ihrer Mischung noch gut zu erkennen sind. Mitunter sind

3. „Nicht ganz reinrassig": Das sind Hunde, die einfach nur ziemlich reinrassig, und deutlich einer Rasse zuzuordnen sind, also zu ungefähr 90 %, so wie z.B. mein „relativer" Schäferhund Mikis. Diese kaum gemischten Mischlinge ausdrücklich zu erwähnen, ist mir deshalb so wichtig, weil sie als Tierheim-Insassen eine besondere Alternative zum Hund vom Züchter darstellen.

Ich habe vorhin darüber geschimpft, daß manche Menschen aus Imagegründen unbedingt einen Rassehund wollen. Etwas anderes ist es aber, wenn ein Hundehalter ein Faible für eine bestimmte Rasse hat. Dafür gibt es natürlich gute Gründe; und

4. Die Tiere

es gibt ja auch sehr viele nette Rassen, für die einiges spricht. Deshalb bleiben viele Menschen über Jahrzehnte hinweg einer bestimmten Hunderasse treu. – „Wir hatten immer Pudel," oder eben eine ganz bestimmte andere Rasse, ist dann oft die einfache Begründung – besonders häufig von Dackel-, Schäferhund-, Boxer-, Doggen-, Bernhardiner- oder Berner Sennehund-Besitzern zu hören.

Setze ich nun also voraus, daß es einem solchen Rasse-Liebhaber um die guten Eigenschaften einer Rasse geht und nicht einfach darum, bewundernde Blicke für einen edlen Stammbaum zu ernten oder gar selbst zu züchten, dann spricht doch – außer vielleicht dem Alter – eigentlich nichts gegen einen nur „fast" reinrassigen Vertreter, den man leicht beim Tierschutzverein finden kann. Oder?

Denn vielleicht muß es ja nicht unbedingt ein Welpe sein. Und, ganz abgesehen davon, daß sich gerade ältere Menschen in der Regel lieber ein erwachsenes Tier anschaffen wollen, mit etwas Glück und Geduld können Sie im Tierheim sogar auch einen Junghund Ihrer Wahl entdecken. Vor allem große Heime haben häufig verschiedene Welpen. Überhaupt kein Problem ist es beispielsweise, einen jungen „ziemlichen" Schäferhund im Tierheim zu finden.

Statt den Züchter zu unterstützen, unterstützen Sie so den Tierschutz und geben auch noch einem herrenlosen Vierbeiner ein neues Zuhause. Dazu kommt, daß ihr Neuzuwachs die Vorteile

eines Mischlings besitzt, also nicht überzüchtet ist und kaum entsprechende Degenerationserscheinungen aufweisen wird. Statt dessen kombiniert er aber vielleicht – wie mein Mikis – ein Steh- mit einem Knickohr, was, wie ich finde, immer besonders verwegen aussieht, und hat eine Blesse an der falschen Stelle. Oder er hat für einen Dalmatiner zu viele oder zu wenige oder zu helle oder zu große Tupfen. Was soll's?

2. Katzen

Zunächst ein paar Zahlen ...

Was ihren Einzug in unsere Wohnstuben angeht, so können die Samtpfoten auf einen wahren Triumph zurückblicken. Denn nicht nur bei uns in Deutschland sind sie zahlenmäßig unangefochtener Spitzenreiter unter den vierbeinigen Heimtieren, sondern auch in unseren Nachbarländern. In Deutschland leben momentan um die 4,85 Millionen Hunde – Ost- und Westdeutschland zusammengezählt. Und, was glauben Sie, wie viele

Mutter und Kind – gemeinsam im Tierheim

25

4. Die Tiere

Was für Puppen gut ist, kann für Katzen nicht schlecht sein

Katzen es in deutschen Privathaushalten gibt?

Fünfeinhalb Millionen. – 5,5 Millionen Stubentiger leben unter unseren Dächern. – Das bedeutet übrigens, daß zehn Prozent der Haushalte eine Hauskatze haben.

Leider sitzen die Tiere aber nicht nur zuhauf in unseren Wohnzimmern, sondern auch in unseren Tierheimen und herrenlos auf der Straße. Nach Schätzungen des Deutschen Tierschutzbundes landen in Deutschland pro Jahr etwa 400 000 Fundkatzen in unseren Tierheimen – ausgesetzt, weggeworfen oder abgeschoben.[8]

Und dank der fortpflanzungsfreudigen Kater und der fruchtbaren Kätzinnen vermehren sie sich in kürzester Zeit immens. Und darin liegt inzwischen ein echtes Problem: Es gibt einfach zu viele Katzen, zu viele wildlebende Streuner und zu viele ausgesetzte oder abgegebene „Wegwerftiere" in den Heimen.

Durch die deutsche Wiedervereinigung vergrößerten sich die Probleme der westdeutschen Tierschützer noch. Da in den neuen Bundesländern der Tierschutz noch in den Kinderschuhen steckt, helfen viele westdeutsche Vereine zusätzlich bei der Bewältigung der ostdeutschen Katzenflut. Denn in der ehemaligen DDR, wo eben jahrzehntelang Tierschutz nur

4. Die Tiere

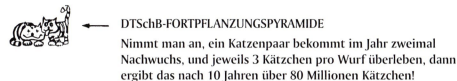

DTSchB-FORTPFLANZUNGSPYRAMIDE

Nimmt man an, ein Katzenpaar bekommt im Jahr zweimal Nachwuchs, und jeweils 3 Kätzchen pro Wurf überleben, dann ergibt das nach 10 Jahren über 80 Millionen Kätzchen!

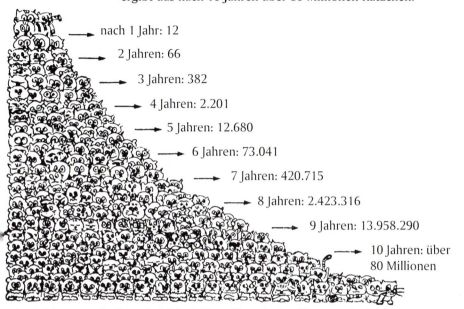

nach 1 Jahr: 12
2 Jahren: 66
3 Jahren: 382
4 Jahren: 2.201
5 Jahren: 12.680
6 Jahren: 73.041
7 Jahren: 420.715
8 Jahren: 2.423.316
9 Jahren: 13.958.290
10 Jahren: über 80 Millionen

Diese Zeichnung macht die unglaubliche Zahl von über achtzig Millionen nachvollziehbar

entnommen aus „du und das tier" 3/ 82

im verborgenen und gänzlich ohne öffentliche Mittel praktiziert werden konnte, gibt es unzählige Kolonien verwilderter Hauskatzen, die zwar von engagierten Tierfreunden gefüttert, aber leider nie kastriert wurden.[9]

Parallel dazu hinterließen die abziehenden ehemaligen sowjetischen Besatzungstruppen massenhaft Katzen, die seitdem von den verschiedensten – auch westdeutschen – Tierschutzvereinen vermittelt wurden und noch werden. Gott sei Dank sind die sogenannten „Russenkatzen" im Gegensatz zu ihren verwilderten Artgenossen nicht nur zahlreich, sondern meistens auch zutraulich – und lassen sich daher ganz gut unterbringen. Aber dafür sitzen dann eben die weniger zutraulichen, oft älteren Tierheim-Schützlinge um so länger!

Die Lösung heißt daher: Kastration. Denn ein einziges Katzenpärchen hat nach einem Zeitraum von zehn Jahren, wenn es pro Jahr zwei Würfe auf die Welt bringt,

4. Die Tiere

Claudia Ludwig mit einem samtpfötigen Studiogast

von dem jeweils – im Durchschnitt – drei, manchmal auch nur zwei Tiere überleben, die also demnächst selber Junge kriegen können: über 80 Millionen Nachkommen! Die Fortpflanzungspyramide des Deutschen Tierschutzbundes macht es nachvollziehbar. Diese Zahl ist mir deshalb so wichtig, weil es immer noch Katzenhalter gibt, die ihre Tiere nicht kastrieren lassen. Oder sie wollen die Kätzinnen erst nach deren erstem Wurf unfruchtbar machen. „Wenigstens einmal soll unsere Katze Junge kriegen! Und wir haben genug Stellen im Bekanntenkreis, die so ein süßes Junges nehmen würden...", heißt es dann. Aber wie bei den Züchtern von Schäferhunden ist auch hier die Antwort: „Jeder, der bereit ist, ein Kätzchen aus diesem Wurf zu nehmen, könnte ja statt dessen ein Tierheim-Tier glücklich machen." – Er könnte beispielsweise „Tiere suchen ein Zuhause" gucken und sich dort eins aussuchen ...

Katzen im Studio

Es gibt Katzenfreunde, die sich beklagen, weil wir fast immer deutlich weniger Katzen als Hunde in „Tiere suchen ein Zuhause" vorstellen. Es gibt aber auch Katzenfreunde, die uns vorwerfen, den Katzen den Streß einer Fernsehaufzeichnung zuzumuten. Da können wir es also nicht allen recht machen. Am wichtigsten ist es aber, es den Katzen recht zu machen, und genau darum bemühen wir uns gemeinsam mit den Tierschutzvereinen.

In allen größeren Tierheimen gibt es eine zweistellige Anzahl von Katzen. Daher bitten wir die Tierschützer, zu unserer Sendung immer mindestens eine davon – stellvertretend für die vielen samtpfötigen Artgenossen insgesamt – mitzubringen. Nur wenige Vereine lehnen dies mit Hinweis auf die Belastung der Tiere kategorisch ab. Die meisten sind statt dessen mit uns der Meinung, daß es unter nicht selten an die hundert Samtpfoten doch die eine oder andere geben wird, die beim Autofahren keinen Nervenzusammenbruch bekommt und auch eine fremde Umgebung verkraftet.

4. Die Tiere

Schwarzer Kater auf einer Pflegestelle

Ob sie sich mit anderen Katzen versteht, wissen bestimmt die Tierpfleger

Die Praxis gibt uns dabei recht. Ich habe im Studio sogar schon Katzen erlebt, die sich begeistert auf unserem – extra mit rauhem Stoff überzogenen – Pult räkeln, schmusen und schnurren[10] und viel entspannter sind, als vor ihrer Vorstellung befürchtet wurde. Doch natürlich ist mitunter auch das Gegenteil der Fall. Im allgemeinen stressen Katzen Anfahrt und Fernsehauftritt mehr als Hunde. Das ist ein Grund für die geringere Anzahl von Katzenpräsentationen.
Ein zweiter ist, daß die Katzen-Vermittlung via Bildschirm schwieriger ist als die von Hunden. Denn Katzen bekommt man häufiger als Hunde auch anderswo. Besonders auf dem Lande. Fast immer kennt irgendeiner jemanden, der gerade einen Wurf Katzenbabys unter die Leute bringen muß. Oder man holt sie sich vom Bauernhof. Da bekommt man sie nachgeworfen – und das natürlich auch noch ganz umsonst.

Vom Tierschutz dagegen wird aus gutem Grund[11] kein Tier kostenlos abgegeben. Dort muß man auch für ein Kätzchen etwas bezahlen, hat dafür aber auch ein geimpftes und teilentwurmtes Tier. Wenn es älter ist, wurde es sogar bereits kastriert.

Das Bild trügt: Nur wenige Katzen halten etwas vom Verreisen oder ziehen gerne um

4. Die Tiere

Um also immer wieder auf die Not überfüllter Katzenhäuser unserer Tierheime aufmerksam zu machen und daran zu erinnern, wie zahlreich und wie lange die Katzen dort sitzen, möchten wir Ihnen in Zukunft eher mehr als weniger Stubentiger präsentieren. Denn, da ist es bei den Katzen nicht anders als bei den Hunden: Für viele Tiere ist die Vorstellung in unserer Sendung die einzige Chance, ein neues Zuhause zu finden. Ganz einfach, weil es, wie gesagt, unter unseren Zuschauern gottlob immer wieder Tierfreunde gibt, die bereit sind, ein altes, dreibeiniges, einäugiges oder problematisches Tier aufzunehmen oder sogar gleich zwei, die zusammenbleiben sollen.

Haustiger auf Pflegestelle

Und, so glaube ich, für ein solches Happy-End, für ein dauerhaftes und liebevolles Zuhause, lohnt es sich, auch aus der Sicht der Samtpfoten, einmal eine Autofahrt samt der ungewohnten Studioatmosphäre in Kauf zu nehmen.

Katzenschutzorganisationen

Ein Ziel ist daher, neben den großen und kleinen Tierschutzvereinen auch immer möglichst einen Katzenschutzverein einzuladen. Vielerorts, vor allem in ländlicheren Regionen, lastet auf diesen meist kleinen Organisationen die finanzielle und pflegerische Verantwortung für zahlreiche, für viel zu viele Katzen. Wie die großen Vereine, so nehmen auch sie nicht nur die Abgabe- und Fundkatzen der Gegend auf, sondern betreuen auch noch die Streuner-Kolonien, verwilderte Hauskatzen, die mitunter gefüttert, auf jeden Fall aber kastriert werden müssen. Damit übernehmen engagierte Privatinitiativen eine Aufgabe, für die eigentlich die Städte und Gemeinden zuständig wären.

Doch im Unterschied zu den größeren Vereinen[12] erhalten diese Katzenhilfen keine Zuschüsse von den Kommunen und haben kein Tierheim und oft nur wenig Mitglieder. So kann es vorkommen, daß ein tierlieber Mensch für zehn, zwanzig, ja sogar über dreißig Stubentiger aus eigener Tasche aufkommt.

Angefangen hat das Ganze vielleicht einmal mit ein, zwei zugelaufenen Streunern, die hier Aufnahme fanden. Dann wurde der Katzenfreundin noch das eine oder andere Abgabetier aufs Auge gedrückt. Und weil sich so viel Mitleid und Hilfsbereitschaft sehr schnell herumspricht, werden aus fünf Katzen schnell fünfundzwanzig und mehr. Denn bald sitzen die Schützlinge morgens im

4. Die Tiere

Aus dem samtpfötigen Duo der Autorin wurde bald ein Trio

Pappkarton vor der Tür oder werden einfach über den Zaun geworfen.

Opfer sind nicht nur die betroffenen Tiere, die sonst keiner mehr haben will, Opfer sind auch die Menschen, die das Leid nicht mitansehen können, und nicht „nein" sagen können, wenn wieder eine Katze abgegeben wird. Es sind Menschen, meist Frauen, die nicht mehr in Urlaub fahren, die sich nichts mehr gönnen, die viel Geld für die Katzen ausgeben, vielleicht nahezu die ganze Monatsrente und die Ersparnisse.

Gerade auch solchen Tierfreunden zu helfen – und vor allem ihren schutzbefohlenen Vierbeinern, denn keine Katze lebt gerne mit dreißig Artgenossen auf engstem Raum, – auch das ist eine Aufgabe von „Tiere suchen ein Zuhause"! nämlich Patenschaften und Pflegestellen zu vermitteln.

Übrigens: In der Regel kann diesen kleinen Vereinen oder Einzelkämpfern auch damit immens geholfen werden, daß neue Pflegestellen zur Verfügung gestellt werden. Gleichzeitig werden ständig Paten für schwer oder gar nicht vermittelbare Tiere gesucht. Falls es Ihnen also nicht möglich ist, selbst ein Tier aufzunehmen (Vermieter, Allergie, bereits vorhandene, unverträgliche Tiere), können Sie eine Patenschaft für einen Schützling übernehmen. Dann bezahlen

4. Die Tiere

Glück gehabt: „Drittkatze" Paquita aus Mallorca wurde schnell vom Kater mit den älteren Rechten ins Herz geschlossen

oder bezuschussen Sie mit einem regelmäßigen monatlichen Betrag Ihrer Wahl Futter- und Impfkosten einer Katze.

Einzeltiere

Katzen, die sich nicht mit anderen Katzen vertragen und daher einzeln untergebracht werden müssen, sind für die Tierschutzvereine natürlich ein riesiges Problem. Ebenso übrigens auch Katzen, die aus gesundheitlichen Gründen nur ein spezielles Diätfutter essen und schon deshalb nicht mit ihren Artgenossen zusammensein dürfen. – Für diese Problemfälle ist unsere Sendung sicherlich ein Segen.

Haben Sie jedoch bitte Verständnis dafür, daß ausgesprochene Einzeltiere, zumindest, wenn es sich um reine Wohnungskatzen handelt, nicht gerne an berufstätige Interessenten vermittelt werden. Solch ein Tier säße ja dann den ganzen Tag alleine in der Wohnung. Probleme wären vorprogrammiert.

Pärchen

Grundsätzlich raten Tierfreunde und -schützer deshalb Menschen, die den ganzen Tag außer Haus sind, sich ein Katzenpärchen anzuschaffen. Ich persönlich rate das sogar auch den Nicht-Berufstätigen, vor allem, wenn die Katzen ausschließlich in der Wohnung gehalten werden.
Seit ich mit den Tiersendungen zu tun, immer mehr Katzen kennengelernt und seit nun fast drei Jahren[13] auch endlich selber welche habe, konnte ich mehr und mehr feststellen, wie gesellig Katzen sind.

Auch ist es meiner Meinung nach ein nicht aufrechtzuerhaltendes Vorurteil, nach dem Katzen mehr an ihrer Wohnung hängen als an ihren Menschen. Früher haben Katzenhalter ja mitunter schwersten Herzens und unter Tränen ihren geliebten Stubentiger dem Nachmieter vererbt, weil sie überzeugt davon waren, daß diese Lösung für die Katze die beste sei. – Natürlich, manche Katzen ziehen nur äußerst ungern um. Aber ohne an

4. Die Tiere

menschlicher Selbstüberschätzung zu leiden oder besonders sentimental werden zu wollen: Jede emotional normal entwickelte Katze wechselt lieber die Behausung als ihren „Dosenöffner"[14]!

Doch zurück zum Katzenpärchen: Die samtpfötige Geselligkeit beschränkt sich keineswegs auf den Menschen. Nicht alle, aber die meisten Katzen lieben auch Spiele und Raufereien mit Artgenossen. Und die können Sie ihnen bei aller Liebe und allem Engagement nun wirklich nicht ersetzen. Oder schaffen Sie es etwa, in Windeseile einen Baumstamm hinauf- und hinunterzujagen?

Wenn Sie bereit sind, auch zwei Tiere zu nehmen, ist es am besten, sich gleich ein Pärchen auszusuchen. Dann kennen sich die beiden nämlich schon, und Sie können sicher sein, daß sie sich auch vertragen.

Weil ich selbst ja auch berufstätig und viel unterwegs bin, habe ich mich natürlich auch gleich für zwei Katzen entschieden. Ein im wahrsten Sinne des Wortes eingespieltes Team wollte ich haben. Die Wahl fiel schließlich auf zwei Kater, die zwar keine Brüder sind, aber bereits in ihrer Pflegestelle Freundschaft geschlossen hatten. Einer war zutraulich wie ein Hund, der andere so scheu und verängstigt, daß er sich monatelang nur versteckte und kaum anfassen ließ. Das kostete Nerven, war aber trotzdem gut zu ertragen, weil ja immerhin einer der beiden unproblematisch und verschmust war. – Inzwischen sind sie es beide!

Zweit- oder Drittkatze

Nicht nur, um zu verhindern, daß Ihr Tier einsam, gelangweilt oder gar verhaltensgestört wird, ist es ratsam, sich für zwei Katzen zu entscheiden, sondern ganz einfach auch deshalb, weil es in unseren Tierheimen so viele gibt. Wirklich jeder gute Katzen-Platz sollte ausgenutzt werden!

Deshalb habe ich mir zu meinen beiden Katern ein gutes Jahr später noch eine kleine Katze angeschafft. Eigentlich wollte ich keine dritte Katze. Aber nach dem Motto „Wo zwei satt werden, werden auch drei satt" wurde aus dem samtpfötigen Duo eben ein Trio. Das bedeutete immerhin wieder einen Pflegling und Esser weniger im Tierheim!

Wir hatten Glück: Die beiden älteren Tiere nahmen den Neuzuwachs fast ohne Probleme auf. Ich erwähne das, um Sie, liebe Leser und Zuschauer, zu ermuntern, darüber nachzudenken, ob dies denn nicht auch bei Ihnen möglich wäre ... Das soll jedoch niemanden dazu verleiten, immer mehr Katzen aufzusammeln. Sie sollen ja nicht so enden wie die bereits erwähnten Katzenschützer, die sich vor lauter Samtpfoten nicht mehr retten können. Außerdem warnen erfahrene Tierschützer und Katzenkenner davor, zu viele Tiere miteinander zu kombinieren und zu konfrontieren.

Zumindest, wenn es sich um reine Wohnungsmiezen ohne Freigang handelt, könnten die Katzen ab dem vierten

4. Die Tiere

Ehemalige Streuner empfinden selbst solch ein großzügiges Freigehege als Gefängnis

Artgenossen aus Protest mit Unsauberkeit reagieren.
Mein ganz persönlicher Appell, den ich ja auch schon in „Tiere suchen ein Zuhause" an Sie gerichtet habe, ist: Wenn nur jeder zweite, der bereits eine Katze hat, noch eine zweite dazunehmen würde, könnten unsere Tierschutzvereine schon ein wenig aufatmen, wäre doch ihr – neben den Schäferhunden – größtes Problem deutlich verkleinert worden! Das geht natürlich nur bei verträglichen Katzen, die auch keine ansteckenden Krankheiten haben dürfen.

Virusträger

Es gibt verschiedene schlimme Viruskrankheiten, die unter unseren Katzen weit verbreitet sind: Leukose (Felines Leukose-Virus, FeLV), FIP (Feline Infektiöse Peritonitis, Bauchfellentzündung) oder FIV (Felines Immunschwächevirus, das sogenannte Katzen-Aids). Leukose beispielsweise kann nur durch eine Blut- oder Speicheluntersuchung des Tierarztes diagnostiziert werden. Alle Tests sind aufwendig, kostspielig und nicht immer hundertprozentig beweiskräftig (FIP).

4. Die Tiere

Wildlebende Katzen müssen meistens gefüttert werden

Virusträger dürfen nur mit anderen infizierten Tieren zusammengebracht werden und keinen Freigang genießen

Mit dem Ergebnis gehen die Tierschutzvereine unterschiedlich um: Einige schläfern jedes Tier ein, wenn sich bei einem zweiten Test die Virusinfektion bestätigen sollte, denn alle diese Krankheiten sind nicht nur unheilbar, sondern führen, sobald sie ausgebrochen sind, unweigerlich zum Tode. Und sie sind auch noch ansteckend! Es können sich allerdings nur Artgenossen anstecken. Für Menschen sind diese Viren ungefährlich.

Aber ähnlich wie bei Aids kann es auch bei diesen Katzenviruskrankheiten passieren, daß die Krankheit trotz Infizierung noch lange nicht ausbricht, ein Virusträger also noch eine längere Zeit beschwerdefrei leben kann. Aus diesem Grund lehnen viele andere Tierschützer eine grundsätzliche Euthanasie ab und lassen ein Tier erst dann einschläfern, wenn es erkrankt und leidet. Doch wohin mit den infizierten Tieren, die zunächst einmal am Leben bleiben sollen? Sie können wegen der immensen Ansteckungsgefahr weder im Tierheim bleiben

noch einfach vermittelt werden. Trotzdem gibt es auch hierfür verschiedene Lösungen. Entweder nimmt ein zentraler Tierschutzverein das betroffene Tier in eine geschlossene Station auf, in der auch die anderen Insassen bereits infiziert sind. Es gibt allerdings nicht sehr viele Organisationen, die über diese Möglichkeit verfügen.[15] Oder das Tier wird als reine Wohnungskatze vermittelt. Es darf jedoch auf keinen Fall Freigang genießen, denn das wäre anderen Katzen gegenüber absolut unverantwortlich.

Auch mit einer weiteren infizierten Katze kann solch ein Tier zusammengeführt werden. Mitunter kann es nämlich vorkommen, daß beispielsweise von einem „positiven" Katzenpärchen das eine Tier stirbt oder eingeschläfert werden muß. Das verbliebene Tier wird den verlorenen Partner wahrscheinlich vermissen. Und da kann es sogar eine gute Lösung sein, ein anderes infiziertes Tier dazuzugesellen. Dann dürfen aber – wie gesagt – beide nicht raus!

4. Die Tiere

Eine kleine Kolonie verwilderter Hauskatzen

Ob sie je zutraulich wird?

Einige Tierschutzvereine vermitteln Leukose-positive Katzen auch zu gesunden Wohnungskatzen, falls diese gegen die Krankheit geimpft wurden. Denn seit einigen Jahren kann wenigstens gegen Leukose geimpft werden, die als häufigste Katzenkrankheit gilt. Natürlich wird eine solche Katze nur absolut zuverlässigen und verantwortungsbewußten Menschen anvertraut.

Selbstverständlich dürfen diese Virusträger zur Vermittlung nicht ins Studio kommen. Da wollen wir auch nicht den Hauch eines Risikos eingehen, sondern stellen die betroffene Katze dann per Foto oder Filmausschnitt vor. – Im Oktober 95 zeigte beispielsweise die Tiernothilfe Hagen das Foto eines „FIV-Katers". Er konnte daraufhin wunderbar vermittelt werden! Der ansonsten völlig unproblematische, zirka 8jährige Schmuse-Grautiger Petja war sechs Wochen zuvor in einem Pappkarton gefunden worden.

Die Abgabe eines äußerlich gesunden Virusträgers birgt allerdings ein Risiko: Gerade nach erfolgreicher Vermittlung bricht die Krankheit dann oft aus. Ursache dafür ist der Streß bei der Umstellung und Eingewöhnung in ein neues Zuhause. Dies müssen die Tierschützer – aber auch die neuen Besitzer – bei ihrer Entscheidung einkalkulieren und abwägen.

Verwilderte Streuner

Da wurde einmal irgendwo eine Katze ausgesetzt, vielleicht gleich zusammen mit ihren Jungen, vielleicht war sie auch trächtig, vielleicht ist sie aber auch erst später begattet worden. Die Fortpflanzungspyramide (vgl. S. 27) zeigt, wie schnell aus ein oder zwei einzelnen Tieren ein großes Problem wird, nämlich eine ganze Kolonie wildlebender Hauskatzen. Das geschieht oft auf Friedhöfen, in Industriegebieten, rund um Großmarkthallen oder Schlachthöfe.

4. Die Tiere

Mitunter werden die Katzen zwar gefüttert, aber keiner fängt sie ein, um sie unfruchtbar machen zu lassen. Zusätzlich zur Fortpflanzung ziehen Futterstellen automatisch auch noch weitere (herrenlose) Katzen an. Und erst wenn es so viele sind, daß sich Anwohner oder Firmenleitungen beschweren, wird der Tierschutz um Hilfe gebeten. Anfangs hätte das Problem mit einer Handvoll Kastrationen behoben werden können. Nun, nach ein oder zwei Jahren, müssen gleich vierzig, fünfzig Katzen mühsam eingefangen und operiert werden. Und die Kosten trägt der Tierschutzverein!

Am liebsten ist es den Katzenschützern, wenn sie nach der Kastration die scheuen Tiere wieder dorthin zurückbringen können, wo sie eingefangen wurden. Voraussetzungen sind, daß sie dort erstens geduldet und zweitens gefüttert werden (wenn es sich nicht gerade um eine Stelle handelt, an der die Mäuse sich gegenseitig auf die Pfoten treten).

Wenn das nicht möglich ist, haben die Tierschützer nun ein riesiges, kaum lösbares Problem, nämlich eine mehr oder weniger große Anzahl scheuer, verwilderter Katzen, die im Tierheim eingesperrt von einer Nervenkrise in die nächste fallen und entsetzlich leiden. Sie wollen nur das eine: raus, raus, raus. Und diese Tiere längerfristig einzusperren, ist schlichtweg Tierquälerei. Sie sind die Freiheit gewöhnt, und Menschen machen ihnen Angst. Doch wem kann man solche Tiere vermitteln? Wer nimmt eine Katze, die nur zum Essen nach Hause kommt und ansonsten nichts von ihren Gönnern wissen möchte, eine Kratzbürste, die sich nicht anfassen läßt?

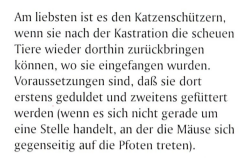

Sie vielleicht? Das wäre toll. Denn genau solche Plätze braucht der Tierschutz, und Menschen, die damit leben können, wenn ihnen ihre Katze nicht gleich schnurrend auf den Schoß springt, sondern, um heimisch zu werden, viel, viel Zeit benötigt. Und Sie, als ihr neuer Dosenöffner, Sie benötigen Liebe und Geduld und noch einmal Geduld.

4. Die Tiere

Mitunter wird eine ehemals wildlebende Katze niemals richtig zutraulich werden. Aber in vielen Fällen ist es wirklich nur eine Frage der Zeit und der liebevollen Behandlung, bis sie immer mehr Zutrauen zu Ihnen faßt. Bei meinem Kater Anton hat es fast ein Jahr gedauert, aber heute läßt er sich zumindest vom engsten Familienkreis sehr gerne streicheln. Ich darf ihm sogar die Ohren saubermachen und Zecken herausdrehen.

Und das ist kein Einzelfall. Manchmal entpuppen sich eingefangene Streuner sogar noch während ihrer Unterbringung im Tierheim als zutraulich oder als Tiere, die zumindest evtl. in Zukunft zutraulich werden könnten. Solche Katzen bringen die Tierschützer dann natürlich nicht mehr an ihren früheren Aufenthaltsort zurück, sondern suchen ihnen ein richtiges Zuhause.
Aber was ist mit den anderen, den „schweren Fällen", der großen Mehrzahl der „Wilden"? Scheu und ängstlich wie sie sind, können wir die natürlich auch nicht in unserer Sendung präsentieren. Das ist vor allem deshalb sehr schade, weil es oft wunderschöne Prachtexemplare sind. Trotzdem oder gerade deswegen bitten wir um Ihre Hilfe:

Gesucht werden Bauernhöfe oder Reitställe oder sonstige Plätze, wo ein paar Katzen möglichst gefahrlos ein- und ausgehen können und ein bißchen gefüttert und betreut werden.

Es hilft aber auch schon, wenn Sie nur eine scheue Katze aufnehmen können.

Voraussetzung sind ein Garten und eine verkehrsarme Gegend, denn natürlich müssen die freiheitliebenden Samtpfoten rein- und rausgehen dürfen. Es kann sogar sein, daß sie zunächst nur draußen sein wollen.

Vielleicht können Sie sich eher mit dem Gedanken anfreunden, wenn Sie zwei Tiere nehmen, ein zutrauliches und ein scheues, so wie ich es gemacht habe? Dann ist es nicht ganz so frustrierend, wenn die scheue Katze Ihnen zunächst einmal keine Beachtung schenkt.

Um so schöner ist es, wenn es Ihnen schließlich doch gelingt, an ihr das wiedergutzumachen, was andere Menschen verursacht haben, und wenn das Tier Schritt für Schritt seine Angst überwindet und den Weg zu Ihnen findet.

Freigänger

Bei der Katzenvorstellung unterscheiden wir, wie Sie sicher schon bemerkt haben, zwischen „reinen Wohnungskatzen" und sogenannten „Freigängern", wie ich sie immer nenne. Ich bevorzuge diesen Begriff, weil er klarmacht, daß eine Katze nicht etwa ausschließlich draußen leben, sondern die freie Wahl zwischen drinnen und draußen haben soll. Eine Katzenklappe ist hier für alle Beteiligten eine Erleichterung.

Ich kenne aber auch eine Katze, die sich – wie die Mönche in den berühmten griechischen Meteora-Köstern – immer

4. Die Tiere

bequem in einem Korb abseilen oder hinaufziehen läßt, was, wie Sie hier sehen, ziemlich lustig aussieht.

Natürlich darf man nur Katzen hinauslassen, die mit Sicherheit keine ansteckende (Virus)Krankheit haben. Behinderte Tiere, die beispielsweise nur ein Auge, nur drei Beine oder einen abgeschnittenen Schwanz haben, sollten ebenfalls sicherheitshalber lieber drinnen bleiben, es sei denn, sie sind so daran gewöhnt, nach draußen zu kommen, daß sie ohne Ausgang durchdrehen würden.

Manche Tierschützer meinen, Freigänger seien schwieriger zu vermitteln als reine Wohnungskatzen, weil nur wenige Leute ihre Tiere hinauslassen möchten. Ich erlebe aber auch häufig den umgekehrten Fall, daß nämlich die Tierschützer nicht wollen, daß ihre Katzen beim neuen Frauchen oder Herrchen auch hinaus dürfen, vor allem, wenn sie sie als Häufchen Elend in ihre Obhut nehmen und in Tag- und Nachtarbeit mühsam aufpäppeln mußten, damit sie überlebten. An einem solchen Tier hängt man natürlich extrem stark und möchte möglichst kein Risiko eingehen.

Wie auch immer, mit Sicherheit macht es keinen guten Eindruck, wenn ein Interessent für eine Katze im Tierheim ungerührt erzählt, er bräuchte einmal wieder eine neue Katze, denn die letzten vier, die er hatte, seien alle überfahren worden. Natürlich werden die Tierschützer einen Freigänger nicht gerade an eine Autobahnraststätte oder in eine andere

So kommt Katze Paula zu ihrem Freigang

verkehrsreiche Gegend vermitteln. Nehmen Sie ihnen das bitte nicht übel, sondern haben Sie dafür Verständnis!

Und neben dem zunehmenden Straßenverkehr sind es auch die Tierfänger[16] oder schießwütige Jäger, die eine Freigänger-Katze das Leben kosten können. Schließlich sterben jährlich in Deutschland Hunderttausende von Samtpfoten auf diese Weise.

Trotzdem ist es meine ganz persönliche Auffassung, daß eine Katze, wenn es irgendwie möglich ist, auch die Freiheit außerhalb der eigenen vier Wände genießen dürfen sollte. Das heißt nicht, daß alle Wohnungskatzen stumpfsinnig

4. Die Tiere

vor sich hin brüten müssen. Wie abwechslungsreich ihr Wohnungsalltag gestaltet wird, hängt von ihrem Besitzer ab. Mit einer reinen Wohnungskatze muß man sich intensiv beschäftigen, sehr viel spielen und sollte – wie gesagt – am besten noch einen Spielgefährten dazugesellen.

Jungtiere

Im Prinzip gilt bei den kleinen Kätzchen das gleiche wie bei den Hundewelpen. – Sie sind bei uns in der Sendung nicht gern gesehen. Denn ihre Teilnahme verringert die Chancen der älteren Tiere. Und gerade um die geht es ja eigentlich.

Aber Ausnahmen bestätigen die Regel. In den Zeiten der großen Katzenflut dürfen schon einmal extrem gebeutelte Vereine ein Potpourri bunter Katzenbabys präsentieren – sozusagen nicht nur stellvertretend für all die eigenen Katzenbabys, sondern auch noch für die der anderen Organisationen, die in diesen Monaten gleichfalls unter Überfüllung leiden. Vor allem Vereine in ländlicheren Regionen haben ja selbst mit der Vermittlung des attraktiven Nachwuchses Probleme, denn – wie gesagt – die Nachbarkatze hat gerade wieder einmal geworfen.
So brachte einmal der Tierschutzverein Dülmen – als echten Notfall – einen ganzen Wäschekorb voller Kätzchen mit. Deren Auftritt hatten wir uns allerdings anders vorgestellt. Wir dachten, die Babys wären noch zu klein, um aus dem Korb herauszuspringen. Das Gegenteil war der Fall. Fast alle waren geradezu höchst interessiert daran, den Korb zu verlassen, und liefen bald kreuz und quer durcheinander. Am Ende konnten alle wieder glücklich eingefangen werden, aber die Tierschützer und ich waren schweißgebadet.

Auch wenn Ihnen beim Anblick solch eines Kätzchens das Herz schmilzt, überlegen Sie sich bitte, ob denn nicht doch auch ein erwachsenes Tier in Frage käme. Erstens tun Sie damit ein gutes Werk. Und zweitens wird aus jedem kleinen Kätzchen sowieso ziemlich schnell eine große Katze. Warum also eigentlich nicht gleich eine Erwachsene nehmen?

An ganztags Berufstätige vermitteln Tierschützer aus gutem Grund in der Regel keine Babykatze. Es sei denn, Sie nutzen Ihren Jahresurlaub zur Eingewöhnung des neuen Familienmitgliedes. Im Prinzip verhält es sich mit Katzenkindern auch nicht anders als mit Menschenkindern: Kinder kann man nicht einfach sich selbst überlassen. Sie brauchen Pflege, Aufsicht und Beschäftigung und müssen noch mehrmals am Tag gefüttert werden.

Etliche Tierschutzvereine vermitteln Babykatzen bevorzugt paarweise, damit den Kleinen der Verlust der Mutter und die Umgewöhnung leichter fällt – und damit sie einfach zu zweit sind und wieder ein Stubentiger mehr unter der Haube ist.

4. Die Tiere

Rassekatzen

Auch beim Thema Rassekatzen – Katzenrassen gibt es etliche Parallelen zum Haustier Hund. Doch da die Katzenüberpopulation die der Hunde noch klar in den Schatten stellt, haben Tierschützer und -freunde hier noch weniger Verständnis für Zucht und Züchter.

Und auch den Interessenten, die ausdrücklich nur wegen einer Rassekatze im Tierheim nachfragen, fliegen dort nicht gerade alle Sympathien sofort zu. Aber natürlich gibt es wie bei den Hundehaltern auch hier nachvollziehbare Vorlieben: Wenn jemand nun einmal für die „sprechenden" Siamkatzen schwärmt, wenn ein anderer Zeit seines Lebens Perserkatzen hatte und deren ruhiges Wesen schätzt, soll er diesen Rassen doch ruhig treu bleiben. Aber bitte telefonieren Sie erst einmal die Tierschutzvereine durch und erkundigen Sie sich, ob dort nicht vielleicht gerade das Tier, das Sie sich wünschen, sitzt. Wenn ein Tierschutzver-

Ist die „Europäisch Kurzhaar" nicht genauso schön?

ein um die 200 Samtpfoten auf seine Katzenzimmer verteilt hat, ist die Wahrscheinlichkeit, daß darunter auch Rassekatzen sind, ziemlich groß.

Auch „Rasse" schützt nicht vor Tierquälerei: Tamino, eine Karthäuserkatze, wurde mit abgeschnittenen Ohren gefunden und durch die Sendung vermittelt

Die schöne Perserkatze Jenny ist trotzdem im Tierheim

4. Die Tiere

Ich selbst habe vor allem Perser-, Siam-, Main Coon- (bzw. Norwegische Waldkatzen), Angora- sowie Karthäuserkatzen schon oft in den Tierheimen gesehen. Besonders schön sind auch hierbei die Mischungen. Halbperser haben zum Beispiel die Nase nicht ganz so eingedrückt. Das ist dann so ähnlich wie bei den Boxermischlingen.

In unserer Sendung halte ich es für sinnvoll, solche Edelkatzen oder Rassemixe einfach nur durchzusagen. So stechen sie die stinknormalen Hauskatzen, oder Europäisch Kurzhaar (EKH), wie man so schön sagt, nicht aus. Trotzdem werden aber die Liebhaber, die zufällig gerade nach der einen oder anderen Rasse Ausschau halten, informiert und gefunden – ein Service, der allen Beteiligten zugute kommt: der Katze, dem Tierschutzverein und dem neuen Besitzer!

Die Edelkatzen, die wir im Studio vorstellen, sind dagegen fast immer Problemtiere oder Pärchen. Natürlich werden gerade diese Rassetiere auf keinen Fall unkastriert abgegeben! Ich bemühe mich zwar ständig, dies in der Sendung auch ganz klar zu sagen. Trotzdem rufen immer wieder (Hobby)Züchter an und sind dann enttäuscht, ja fast ungehalten, wenn sie hören, daß eine Edelkatze ihrer Fortpflanzungsfähigkeit beraubt wurde.

Ähnlich traurig oder auch richtig wütend macht es mich, wenn ich da ein Tier vor mir habe, das vielleicht Schlimmes erlebt und eine eigene Geschichte hat, ein Individuum mit ausgeprägtem Charakter, mit Vorlieben, Abneigungen und Ängsten ist. Und dann will jemand gar nichts über das Tier wissen, fragt weder nach dessen Eigenschaften noch nach dem Werdegang, sondern nur nach Farbe und Preis, was gerade bei Rassekatzen sehr oft vorkommt.

Damit keine Mißverständnisse entstehen: Die meisten unserer Anrufer sind natürlich wirklich an den Tieren interessiert. Sonst könnten unsere Tierschutzvereine ja nicht ihre ganzen schweren Fälle und die vielen alten Mischlinge so wunderbar vermitteln. Gehäuft treten solche Anrufe auch wirklich nur bei Rassekatzen auf. Trotzdem werden wir auch in Zukunft der einen oder anderen herrenlosen Edelkatze Gelegenheit geben, ein liebevolles Zuhause zu finden. Denn die Katze kann ja nichts dafür, daß sie so reinrassig ist.

Europäisch Kurzhaar

Meine Überzeugung ist, daß es keine schönere Katze als die ganz ordinäre Europäisch Kurzhaar gibt. Oder? Warum, um Himmels willen, wollen da manche noch züchterisch einwirken? Europäisch Kurzhaar gibt es in allen Farben und Schattierungen, getigert und gefleckt. Interessanterweise sind inzwischen bestimmte Farben regelrecht in Mode gekommen. Besonders beliebt sind die Roten, egal ob rotgetigert oder rotweiß. Außerdem sind die Dreifarbigen sowie die Schildpatt-Katzen immer hochbegehrt. Vielleicht weil diese Farben oder Färbungen bei uns nicht ganz so häufig vorkommen wie die grau-

4. Die Tiere

Emil Ludwig als Bücherfreund

getigerten, schwarzen sowie schwarz- oder grau-weißen Samtpfoten?

Tatsache ist, wenn bei einem Wurf ein Rottiger dabei ist, ist er garantiert der erste, der vergeben ist. Von einer Dreifarbigen brauche ich nur die Schwanzspitze in der Sendung zu zeigen, schon klingeln die Telefone. Gleichzeitig sind die Grautiger die Mauerblümchen in den Katzenhäusern. Sie werden einfach übersehen, weil es zu viele von ihnen gibt. (Erinnert das nicht an das Schäferhund-Problem?)

Tierschützer und Katzenkenner bedauern das oft. Denn so kommt es, daß Katzenhalter mitunter ein Tier nehmen, das nicht ganz so gut zu ihnen paßt, nur, weil sie die Farbe so toll finden. „Manchmal bin ich mir absolut sicher, daß eine bestimmte Katze genau das Richtige für die Leute wäre. Sie verträgt sich mit Hunden, ist kinderlieb, verspielt, nervenstark und temperamentvoll. Aber sie sieht 'nach nichts' aus, ist nichts Besonderes (also wahrscheinlich ein Grautiger), gefällt nicht in der Farbe. Also nehmen sie sie nicht, sondern wollen lieber ein kapriziöses Sensibelchen, nur weil es ein bestimmtes Aussehen hat", beschwerte sich einmal eine Tierheimleiterin, als ich ihr prall gefülltes Katzenhaus besuchte.

Lassen Sie sich von den Tierschützern und Pflegern beraten. Sie kennen ihre Schützlinge am besten und wissen, wer wohin

4. Die Tiere

Tierheimkatze

paßt. Und widerstehen Sie der Versuchung, ein neues Tier möglichst wieder in der gleichen Farbe wie das vergangene zu suchen. Sie werden enttäuscht sein, wenn sich herausstellt, daß die beiden trotz gleicher Farbe ein völlig unterschiedliches Wesen haben. Tun Sie dem Neuzugang nicht an, ein Ersatz für ein verstorbenes Tier zu sein und nun ständig mit dem Vorgänger verglichen zu werden.[17]

Übrigens: Wußten Sie, daß dreifarbige Samtpfoten als „Glückskatzen" gelten und – genau wie die Schildpatt-Katzen – immer weiblich sind? Rote und rotweiße sind dagegen fast immer männlich. Aber obwohl rotgetigerte Kätzinnen so extrem selten sind, hatten wir in den letzten zwei Jahren gleich dreimal eine bei „Tiere suchen ein Zuhause". Alle drei sind natürlich sofort bestens vermittelt worden, und das sogar, obwohl die eine etwas behindert war und eine bleibende Gleichgewichtsstörung hatte.

3. Kleintiere und Nager

Viel zu wenig Menschen, die sich einen kleinen Nager als Haustier anschaffen möchten, denken daran, vor dem Gang zum Zoogeschäft erst einmal im Tierheim nachzusehen. Selbst innerhalb meines engsten Bekanntenkreises hat eine junge Mutter das Zwergkaninchen für ihre Tochter beim Zoohändler gekauft – und

4. Die Tiere

Auch diese beiden kleinen Nager sollten nicht auf Dauer im Tierheim bleiben

das in einer Großstadt, in deren Tierheim ständig gut fünfzig Kaninchen auf Vermittlung warten!

Wenn so etwas in meinem Freundeskreis passiert, wo ich so oft von meiner Arbeit erzähle, vom Tierschutz und den Tierheimtieren, dann muß hier wohl ein echtes Informationsdefizit vorliegen.

Seitdem setze ich mich verstärkt dafür ein, daß möglichst in jeder „Tiere suchen ein Zuhause"-Folge mindestens ein solches Kleintier vorgestellt wird und nehme in Kauf, mich zu wiederholen (und manch einen Stammzuschauer damit vielleicht sogar zu langweilen), wenn ich hartnäckig immer wieder darauf hinweise,

daß auch Kleintiere und Nager massenweise in unseren Tierheimen sitzen. Das oben genannte teure Zuchtkaninchen ist übrigens leider bald aus unerklärlichen Gründen gestorben. Nach dieser traurigen Erfahrung wollte die Familie kein Käfigtier mehr – sicher keine schlechte Entscheidung. Denn eines müssen sich Tierfreunde klarmachen: Ein Käfig kann auch bei liebevollster Betreuung kein wirklich artgerechtes Zuhause sein. Und wenn Kinder ein Kleintier wie Hamster, Meerschweinchen, Wüstenrennmaus, (Zwerg)Kaninchen oder auch Wellensittich geschenkt bekommen, ist das scheinbar so anspruchslose Käfigtier fast immer nur ein Ersatz für einen sehnlichst gewünschten Hund. Die Tochter meiner Freundin

4. Die Tiere

hatte eigentlich immer eine Katze haben wollen ...

Mehr noch als Hunde und Katzen laufen Kleintiere Gefahr, als lebendiges Kinderspielzeug betrachtet zu werden. Im Gegensatz zu Hund und Katze können sie sich der Spielfreude der Menschenkinder kaum entziehen – und ebensowenig gegen Grobheiten wehren. Deshalb müssen die Erwachsenen darauf achten, daß Kleintiere im Kinderzimmer nicht ständig geknuddelt und auf Trab gehalten werden. Statt dessen sollte ein Kind lernen, das ihm anvertraute Tier als gleichberechtigten Partner und Freund anzusehen, auf dessen Bedürfnisse es Rücksicht nehmen muß – eine Erfahrung, die ja auch ansonsten im Leben ganz sinnvoll ist!

Fehlt es einem Kind an Reife, Verantwortungsgefühl und Sensibilität, würde ich statt zu einem lebenden lieber zu einem robusten Stofftier raten!

Doch trotz aller Bedenken: Die Tiere, die nun schon einmal da sind, sollen so gut wie möglich untergebracht werden, und deshalb stellen wir sie – genau wie Hund und Katz' – in „Tiere suchen ein Zuhause" vor. Die weitere Produktion und Zucht dieser Tiere sollte jedoch nicht unterstützt werden; also holen Sie sich auch Ihr Kleintier aus einem Tierheim.

Und sollte dabei der große Ausnahmefall auftreten, daß im Tierheim Ihrer Stadt gerade keine Klein- oder Nagetiere da sind – was ich mir eigentlich nur bei ganz kleinen Vereinen vorstellen kann – dann fragen Sie beim nächstgelegenen oder einem größeren Heim nach. Wie gesagt, jeweils zwischen vierzig und achtzig (Zwerg)Kaninchen und Meerschweinchen sind dort eher die Regel als die Ausnahme. In den Tierheimen Köln-Dellbrück und Bonn haben wir sogar einmal einen Film darüber gedreht.

Mitunter kommt es auch vor, daß ein Tierschutzverein die lebendige Hinterlassenschaft einer aufgegebenen Zucht aufnehmen muß. Das können dann zum Beispiel über hundert Chinchillas auf einen Schlag sein!

Natürlich stellen die Tierschützer höhere Ansprüche an die zukünftigen Besitzer als die Zoohändler, denn Letztgenannte wollen ja in erster Linie verkaufen. Auch die Tierschützer sind froh um jedes Tier, das sie vermitteln können – aber eben nicht um jeden Preis! Statt dessen verlangen sie, daß gesellige Tiere wie Meerschweinchen und Kaninchen, genau wie Papageienvögel, also auch Wellensittiche, nicht einzeln, sondern mindestens paarweise gehalten werden. Dabei lassen sich übrigens Meerschweinchen und Kaninchen wunderbar miteinander kombinieren. Diese Paare verstehen sich sehr gut und haben zudem den großen Vorteil, daß sie keinen Nachwuchs in die Welt setzen können.

Außerdem sollen die Tiere nicht ihr ganzes Leben in einem viel zu kleinen Käfig fristen, sondern entweder in einem größeren Gehege leben oder täglich

4. Die Tiere

Bei Stall- und Käfigkaninchen sollte der tägliche Freilauf eine Selbstverständlichkeit sein

mindestens einmal Freigang gewährt bekommen – oder am besten beides! In der Wohnung oder im Garten herumtollen sollten sie jedoch immer nur unter Aufsicht, damit sie nicht verlorengehen oder sich und andere gefährden, indem sie Kabel oder sonst etwas anknabbern. – Es sind halt nun einmal Nager!

Hamster

Für Kinder ist ein Hamster so ziemlich das ungeeignetste Haustier. Das sehen inzwischen sogar die Verantwortungsvolleren unter den Zoohändlern ein. So sind Goldhamster nicht nur ursprünglich syrische Wüstentiere mit einem ungeheuren Buddelbedürfnis, das in den lächerlich kleinen, handelsüblichen Kleinkäfigen auch nicht annähernd zu befriedigen ist. Hamster sind vor allem auch nachtaktive Nager. Das heißt, tagsüber, also dann, wenn ein Kind sich mit ihm beschäftigen möchte, will der Hamster seine Ruhe haben und schlafen. Streß und Schlafentzug können die sowieso schon nur sehr geringe Lebenserwartung eines Hamsters zusätzlich verringern.

Und damit bin ich schon beim nächsten Problem, das gegen den Hamster als Kindertier spricht: Hamster sterben früh. Sie werden – mit viel Glück und guter Pflege – allerhöchstens drei Jahre alt. Für ein Kind ist der Tod des kleinen Freundes

4. Die Tiere

entweder ein Schock, der Tränen und Trauer zur Folge hat. Oder aber es gewöhnt sich an das regelmäßige Ableben, denn der tote Hamster wird schnell gegen einen neuen eingetauscht. Sie kosten ja nicht viel. So lernt das Kind, ein Tier als billigen Wegwerf-Artikel zu betrachten, der sich bei Verlust leicht ersetzen läßt. – Beide Konsequenzen können doch wohl nicht erwünscht sein!

Bei Dreharbeiten in einer Grundschule befragte ich mehrere Kinder, die zu Hause einen Hamster hatten, wie alt ihrer Meinung nach ihr Tierchen werden wird. Keiner der Zweitklässler ahnte auch nur, wie kurz sein Freund lebt. Die meisten tippten auf „gut zehn Jahre". Denn weder die Verkäufer im Zoohandel noch ihre Eltern hatten sie aufgeklärt!

Trotz ihres frühen natürlichen Todes werden auch Hamster mitunter ausgesetzt. Neben etlichen Goldhamstern, den mit Abstand häufigsten unter den Heimtier-Hamstern, habe ich daher schon Teddy-, Zwerg- und Silberhamster[18)] in nordrhein-westfälischen Tierheimen entdeckt. Gerade die kurze Lebenszeit, die die Tiere übrigens mit Ratten und Mäusen (Ja, auch das können Heimtiere sein!) gemeinsam haben, macht es besonders bedauerlich, wenn sie davon auch noch einen Teil im Tierheim verbringen müssen. Denn dort fehlt natürlich die Zeit, sich richtig mit ihnen zu beschäftigen und etwas Abwechslung in ihren tristen Käfigalltag zu bringen. Ein Zweittier kann hier leider nicht helfen. Denn – im Gegensatz zu allen anderen Nagern – kann man Hamster auch nicht vergesellschaften; sie sind strikte Einzeltiere. Also, erwachsene Hamster-Fans oder (ältere) Kinder, die am Abend erst spät schlafen gehen, holt Euch Euren Kleinen beim Tierschutz!

Meerschweinchen

Meerschweinchen stehen auf Platz Eins unserer Hitliste der Nagetiere. Ursprünglich kommen sie aus den Anden, wo sie bei den Indios gezähmt, gezüchtet, aber auch geschlachtet werden, so wie bei uns Stallhasen und -kaninchen eben auch.

Sie werden mit Glück um die zehn Jahre alt – genau wie Zwergkaninchen und Streifenhörnchen – und sollten, wie bereits mehrfach betont wurde, entweder mit mindestens einem Artgenossen oder einem Zwergkaninchen zusammengesetzt werden. Gerne leben die geselligen Kleintiere auch in kleinen und größeren Gruppen. Ein Männchen, das mit mehreren Weibchen lebt, sollte man möglichst kastrieren, da man den zahlreichen Nachwuchs nicht mehr unterbringen kann. Unkastrierte Männchen vertragen sich allerdings nur in ganz großen Verbänden. In kleineren Gruppen, mit etwa fünf, sechs Mitgliedern, möchten die Männchen dagegen keinen Geschlechtsgenossen dulden.

Hält man sich also eine Gruppe dieser Größenordnung, so sollte sie sich aus einem Männchen und mehreren Weibchen zusammensetzen. Jedes weitere Männ-

4. Die Tiere

In fast allen größeren Tierheimen gibt es Nager

Ein großzügiges Gehege ist einem Käfig auf jeden Fall vorzuziehen. Abwechslung bietet neben dem täglichen Auslauf in der Wohnung auch ein sommerlicher Aufenthalt im Garten. Für einigermaßen geschickte Bastler dürfte der Bau eines entsprechenden Freigeheges keine allzugroße Herausforderung sein. Wichtig ist, daß sich die Tiere nirgends verletzen und auch nicht ausbüchsen können. Selbstverständlich steht der Umzug ins Freie nur bei entsprechend warmen Temperaturen und Trockenheit an!

(Zwerg)Kaninchen

Die breite Palette der sogenannten „Hasenartigen" reicht vom kleinen Zwergkaninchen bis zum ausgewachsenen Stallhasen[19], wobei letzterer natürlich – zoologisch betrachtet – auch nichts anderes als ein Kaninchen ist. Seit sich die Kaninchenhaltung von den Nagern als reine Nutztiere (Fleisch und Angorawolle) auch auf die niedlichen Zwergrassen als Heimtiere ausgeweitet hat, hat sich eine bedauerliche Praxis verbreitet:
Wie wär's denn zu Ostern einmal mit einem lebendigen „Häschen" statt des obligatorischen Schokoladenkumpels, der noch dazu schlecht für die Zähne ist? Die Kinder sind begeistert. Die Eltern reagieren unterschiedlich, je nachdem, ob das Ganze ihre Idee war oder nicht. Also, auf keinen Fall sollten Tanten und Onkels ihre Verwandschaft ohne Absprache mit einem lebendigen Tier überraschen auch wenn ihnen dadurch – zunächst einmal – die Kinderherzen zufliegen. Das gilt natürlich

chen muß kastriert werden. Denn sonst würden die beiden Rivalen ständig unter Streß stehen und sich gegenseitig bekämpfen. Und es geht ziemlich brutal zu, wenn zwei Meerschwein-Männer zur Sache gehen.
Experimente des Verhaltensforschers Dr. Immanuel Birmelin haben außerdem gezeigt, daß Meerschweinchen intelligent und lernfähig sind. Nur weil sie so klein sind und sich – zumindest für unsere Ohren – kaum lautstark bemerkbar machen können, darf man sie nicht unterschätzen. Sie haben Bedürfnisse und Interessen wie andere Haustiere auch. Daher versteht es sich eigentlich von selbst, daß die pfiffigen Nager nicht nur ein tristes Käfigdasein fristen dürfen.

4. Die Tiere

nicht nur für Feste, sondern auch für Geburtstage! Es klingt so abgedroschen, bewahrheitet sich aber leider jedes Jahr aufs neue: Kaum sind die Festtage vorüber, und die großen Ferien stehen vor der Tür, sitzen bald auch die lieben kleinen Kuscheltiere schon vor derselben. Oft gerade ein paar Monate alt – an Weihnachten oder Ostern gekauft und pünktlich vor dem Sommerurlaub ausgesetzt und weggeworfen.

Dieses traurige Schicksal ereilt natürlich nicht nur die Zwergkaninchen, sondern auch die Hamster und Meerschweinchen – und, wie wir wissen, ja auch Katzen und Hunde. Bei den Kaninchen fällt nur der Jahreszyklus besonders auf. Ansonsten gilt, was Käfig, Gehege und Beschäftigung angeht, für das Käfigtier Kaninchen das gleiche wie für die Meerschweinchen. Und auch die Hasentiere werden bis zu zehn Jahren alt.

Oft halten – gerade die größeren – Tierheime Kaninchen und Meerschweinchen geradezu vorbildlich: in großen Gehegen mit Tunnel, Buddel- und Spielmöglichkeiten sowie vielen Artgenosssen. Da kann man verstehen, daß die Tierschützer bei einer Vermittlung genau wissen wollen, wo ihre Schützlinge landen, und wie sie dort gehalten werden. Denn die sollen sich ja durch den Umzug ins neue Zuhause nicht verschlechtern.

Ein Kaninchenpaar, das fast von klein auf daran gewöhnt ist, sich relativ frei in einem großzügigen Gehege bewegen zu können, wird selbst einen größeren Käfig als das empfinden, was er auch ist: ein Gefängnis. Da sind wir wieder beim Grundproblem: Artgerechte Haltung und Käfigleben schließen einander aus!

Die Lösung: Halten Sie Ihr Käfigtier so artgerecht wie möglich, indem sie ihm so viel Freiheit wie möglich zugestehen – auch, wenn das mehr Arbeit und Zeitaufwand bedeutet. Aber eines sollten wir doch immer wieder beherzigen: Wenn wir schon zu unserer Freude und Zerstreuung ein Mitgeschöpf seiner Freiheit berauben, sollten wir ihm wenigstens so viel Aufmerksamkeit und Auslauf zugestehen wie es eben geht!

Übrigens wird im Tierheim natürlich auch für die Kleintiere eine Vermittlungsspende erwartet und ein Schutzvertrag abgeschlossen.

Ratten und Mäuse

Daß Ratten hochintelligent sind, ist ja mittlerweile wissenschaftlich unumstritten. Leider werden die zahmen Laborratten und Mäuse, die oft in den Tierheimen landen, genau wie die Hamster, nur zwei bis drei Jahre alt.

Da sich Ratten und Mäuse superschnell vermehren, kommt es häufig vor, daß im Tierheim ein Wurf Junge das Licht der Welt erblickt, weil die Tiere bereits tragend dort ankamen. Manchmal werden aber auch gleich hundert Tiere auf einmal abgegeben, zum Beispiel, wenn ein Schlangenliebhaber seine Tierhaltung

4. Die Tiere

Unsere Ratten „Das doppelte Lottchen" fanden ein Zuhause bei richtigen Rattenfans

aufgibt. Ich erlebte einmal solch einen Fall, bei dem der ehemalige Schlangenbesitzer voller Freude eine ganze Weiße-Mäuse-Kolonie ins Tierheim brachte und am liebsten noch eine Spendenquittung dafür bekommen hätte, sah er die ganze „Mäusebrut" doch als nichts anderes als Futter für die vielen Katzen an.
Die Tierheimleitung mußte das natürlich anders sehen und hatte nun eine Mäuseplage ganz anderer Art. Vermitteln Sie einmal auf dem Lande über hundert weiße Mäuse ... Um wenigstens eine weitere Vermehrung zu stoppen, wurden die Tiere sofort streng nach Geschlechtern getrennt.

Also, wie an jedem Kapitelende komme ich auch hier wieder zu dem – wohl wenig überraschenden – Schluß: Wenn jemand gerne Mäuse oder Ratten als Heimtier hätte, bitte im Tierheim nachfragen.
Wenn wir eine Ratte oder einmal sogar zwei Rattenbabys in der Sendung vorstellen, wundere ich mich immer wieder darüber, daß sich viele Leute vor Ratten

so unwahrscheinlich ekeln. Selbst an ihrem unbehaarten Schwanz kann ich nichts Widerliches entdecken. Nun handelt es sich bei „unseren" Ratten ja auch nicht um die großen Wildtiere, die in Abwasserkanälen oder auf Müllhalden leben, sondern um kleine, oft weiße, und – wie ich finde – ausgesprochen hübsche, zahme Nager. Die fasse ich natürlich genauso gerne an wie Hamster, Kaninchen oder Meerschweinchen. Bei uns gibt es keine (Heim)Tiere erster und zweiter Klasse!

Manchen Zuschauer stört das jedoch, denn immer wieder kommen nach einer Rattenvorstellung ein paar böse Briefe, in denen Mißfallen, ja geradezu Abscheu geäußert wird: „Wie kann man nur ein solches Tier zeigen und auch noch berühren?" Letztens kündigte uns eine Zuschauerin sogar wegen einer kleinen Ratte per Einschreiben (!) für immer die Freundschaft. Wie fast alle „Ratten-Gegner" betonte auch sie dabei als erstes, daß sie ansonsten natürlich eine große Tierfreundin sei.

Ziegen und Schafe

Eine meiner schönsten Tierbegegnungen war die mit Moritz, einem kleinen Lämmchen aus dem Tierheim Oberberg. Moritz saß auf meinem Schoß, kuschelte sich ein wie ein Hund oder eine Katze und roch vor allem so gut. Für mich war es ein sehr schönes Gefühl. 200 Anrufe für den kleinen Moritz hielten die Tierschutz-Mitarbeiter auf Trab und sicherten dem

4. Die Tiere

Ziegen finden sich erstaunlich häufig beim Tierschutz

Böckchen eine rosige Zukunft fern aller Schlachtgedanken.
Mir kommt es vor, als würden Ziegen noch viel häufiger als Schafe im Tierheim landen: Sowohl Berg- als auch Zwergziegen, entweder als Milchziegen oder als Beistelltiere. Als Maskottchen im Pferdestall werden Ziegenböcke gerne genommen. Sie leisten den Pferden nicht nur Gesellschaft, sondern sollen angeblich auch noch gut gegen Krankheiten sein. – Eine Ziege im Stall, so heißt es im Volksmund, und die Pferde bleiben gesund.

Auch Lämmchen Lucky hatte wirklich Glück: Eine Schafherde hatte das Neugeborene unterwegs verloren. Tierfreunde haben das Böckchen gefunden und ins Tierheim gebracht

Pferde und Esel

Im Juli 1993 haben wir eine ganze „Tiere suchen ein Zuhause"-Folge auf einem Pferdeschutzhof aufgezeichnet und u.a. zwei Wallache, eine Fuchsstute und ein Pony zur Vermittlung angeboten. Die Vorstellung machte zwar optisch viel her, war aber ehrlich gesagt nicht besonders erfolgreich.

Ein solcher Schutzhof hat natürlich genügend Platz für Großtiere. Aber auch Tierschutzvereine, die nicht auf Pferde spezialisiert sind, müssen oft welche aufnehmen. Und sowohl Aufnahme als auch Vermittlung von Pferden sind oft von Mißverständnissen begleitet. Zum einen möchten viele Pferdebesitzer ein Tier, das nicht mehr zu reiten und daher auch kaum noch zu verkaufen ist, lieber dem Tierschutz anvertrauen als dem Pferdemetzger. Das ist zwar verständlich, aber keine Lösung des Problems. „Ich möchte meinem Wallach, der leider unter einer Hufrollenentzündung leidet und nicht mehr geritten werden darf, noch ein paar schöne Jahre gönnen. Teilen Sie mir bitte – möglichst schnell – die Adressen der Tierschutzvereine mit, die einem alten Pferd noch einen schönen Lebensabend ermöglichen." So ungefähr lauten die Anfragen, die dann häufig auch in der Redaktion eingehen. Abgesehen davon, daß die KollegInnen dort mit solchen individuellen Anfragen rein zeitlich überfordert sind, ist die Beantwortung speziell dieser Frage auch nicht so einfach.

4. Die Tiere

Klar gibt es etliche Tierheime mit Stall und Koppel. Dort müssen aber die Notfälle untergebracht werden, beschlagnahmte Tiere aus schlechter Haltung oder aus einem gestoppten Viehtransport oder Pferde, die sonstwie gerettet wurden. Ihre Unterbringung soll möglichst kein Dauerzustand sein. Statt dessen sollen sie, wenn sie nach guter Pflege und medizinischer Versorgung wieder fit sind, in gute Hände vermittelt werden – u.a. auch durch „Tiere suchen ein Zuhause". Leider muß sich in diesen Fällen aber die Vermittlungsspende oder -gebühr schon aus Gründen der Sicherheit für das Pferd – das klingt jetzt etwas brutal – am Schlachtpreis orientieren und entsprechend hoch sein.

Das ist aktiver und sinnvoller Pferdeschutz, den Vereine und Heime, so gut es eben geht, leisten können – wenn neben genügend Platz und Pflegepersonal auch noch Geld für Transport- und Tierarztkosten aufgetrieben werden kann.

Wer seinem Pferd den Transport zum Schlachthof ersparen will, den damit verbundenen Streß des Verladens und Hängerfahrens (vor allem für Pferde, die das Fahren nicht gewohnt sind) und die Angst vor der unbekannten, sicher furchteinflößenden Umgebung, kann es zu Hause im eigenen Stall oder auf der Weide vom Tierarzt einschläfern lassen. Dabei wird das Tier zuerst mit einer Beruhigungs- oder Narkosespritze betäubt, so daß es von der endgültigen Spritze nichts mehr merkt.

Etwas anderes ist es, wenn es sich um Gnadenbrot-Tiere handelt, wie in meinem eingangs erwähnten Beispiel. Hier laden die Pferdehalter ihr eigenes Problem einfach auf den Tierschutz ab, denn ein Stellplatz für ein Pferd ist teuer. So viel möchte man nicht ausgeben für ein Tier, das nicht mehr geritten werden kann. Zu Recht meldet sich aber auch das schlechte Gewissen, einen, vielleicht langjährigen, Freizeit-Kameraden dem Schlachter zu verkaufen. Dieser letzte Schritt ist nur legitim, wenn er als Euthanasie zu betrachten ist, bei einem Pferd, das so krank oder verletzt ist, das leidet und Schmerzen hat, und bei dem keine Besserung mehr zu erwarten ist. Eine Entscheidung, wie wenn man ein anderes Haustier einschläfern läßt.

Wenn aber ein Pferd beschwerdefrei, nur eben nicht mehr zu reiten ist, dann will man „ihm eben noch ein paar schöne Jahre schenken". Das ist zwar nett, aber nur dann wirklich edel und großzügig, wenn der Besitzer auch nach der Abgabe an eine Tierschutzorganisation noch für die Kosten der Unterbringung aufkommt oder sich wenigstens, so gut es geht, daran beteiligt, durch eine Patenschaft zum Beispiel. Schließlich ist es ja auch der frühere Besitzer, der jahrelang Freude an dem Tier hatte. Gott sei Dank gibt es einige Tierschutzvereine, die einen Gnadenhof unterhalten können, extra für alte oder aus anderen Gründen unvermittelbare Tiere. Die sind allerdings für jede finanzielle Unterstützung dankbar.

4. Die Tiere

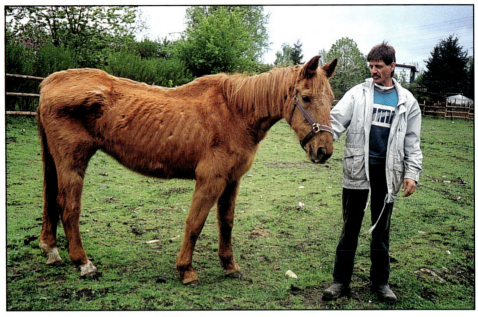

Flaco fand Aufnahme bei der Pferdehilfe Bochum

Manchmal tritt aber auch der Glücksfall ein, daß auch ein unreitbares Tier noch erfolgreich vermittelt werden kann, als Beistelltier zu einem anderen Pferd, das sonst ganz alleine wäre. Aber das klappt natürlich nicht immer, denn dazu muß man engagierte Tierfreunde finden, die bereit sind, für ein Pferd, das man nicht mehr reiten kann, eine dem Schlachtpreis entsprechende Spende von über tausend Mark zu zahlen.

Zum anderen glauben viele Leute, wenn ein Pferd vom Tierschutz vermittelt wird, könnte man ein „Schnäppchen" machen und vielleicht für wenig Geld ein Pony fürs Kind bekommen. Etliche Eltern rufen dann auch an. Aber sobald sie hören, das Tier dürfe allerdings nicht mehr geritten werden, ist das Interesse blitzartig erloschen. Natürlich kommt es auch vor, daß gesunde Reitpferde über den Tierschutz vermittelt werden, aber das ist wirklich selten, denn solche Tiere können nun einmal in der Regel auch vom Vorbesitzer selbst verkauft werden.

Esel erfreuen sich bei den Tierschützern offensichtlich besonderer Beliebtheit, denn sie werden gerne als Tierheim-Maskottchen behalten und mitunter nur entsprechend lustlos vermittelt. Anders natürlich, wenn ein Tierschutzverein gleich neunzig kranke und erschöpfte Esel eines gescheiterten Viehtransportes übernimmt: Hier müssen natürlich alle Tiere, die wieder gesund und fit und

4. Die Tiere

daher vermittelbar werden, das Tierheim oder den Schutzhof wieder verlassen.

Denn ein Tierheim, das vergessen mitunter auch schon einmal manche Tierschützer selbst, ein Tierheim ist nun einmal kein Zoo oder Tierpark. Natürlich werden auch die Plätze für Esel und Pferde vor der Vermittlung genau betrachtet und auch später noch kontrolliert. Esel werden selbstverständlich besonders gerne zu zweit abgegeben. Platz, Stall und eine Koppel braucht man sowieso. Und ob nun ein oder zwei Tiere davon Gebrauch machen ... Esel fühlen sich mit einem Artgenossen einfach wohler. Wie Pferde sind sie eben Herdentiere. Steht kein „Zweit-Esel" zur Verfügung, können Pony, Pferd oder Ziege ein guter Partner(ersatz) werden.

Eselfreunde, und davon gibt es ja auf den ersten Blick viele, müssen sich allerdings die Anschaffung eines Grautieres gut überlegen. Esel dürfen nicht in geschlossenen Ortschaften gehalten werden, denn ihr berühmtes „Iahh" kann wohl ziemlich laut und lästig, also – im Sinne des Gesetzes – äußerst ruhestörend sein. Schade, ich hätte eigentlich gerne einen Esel in der Nachbarschaft.

Vögel

Wenn ein Tierschutzverein über eine oder mehrere großzügige Volieren verfügt, ist die Unterbringung von Vögeln kein Problem. Die Futterkosten ruinieren keinen Verein. Und daher werden entsprechende Bedingungen an ein neues Zuhause geknöpft, denn auch bei Kanarienvögeln, und vor allem bei Wellensittichen und anderen Papageien, besteht ansonsten die Gefahr, daß es den Vögeln nach der Vermittlung schlechter geht als vorher im Tierheim.

Die Vögel werden daher am liebsten in eine Voliere abgegeben. Und wenn nicht, dann muß wenigstens täglicher Freiflug garantiert werden. Meine Wellensittiche durften immer den ganzen Tag frei in einem großen Zimmer herumfliegen, auch wenn sie überall hingesch...... haben. Nur zum Lüften des Raumes wurde die Käfigtür geschlossen.

Sittiche und Papageien sollen mindestens zu zweit gehalten werden. Auch Kanarienvögel sind Gesellschaftstiere, Einzelhaltung ist nur ausnahmsweise und nur kurzzeitig zu rechtfertigen. Zwei fremde Vögel sind vorsichtig aneinander zu gewöhnen, indem man z.B. die Käfige mehrere Tage dicht aneinander stellt, damit die Tiere sich kennenlernen können. Der erste direkte Kontakt sollte in einem ausreichend großen Raum stattfinden, in dem das schwächere Tier dem stärkeren ausweichen kann. Kanarienvögel lieben zwar vor allem ihre Artgenossen, sind aber auch mit anderen verwandten Kleinvogelarten verträglich.

Einmal wurde in einer Autowerkstatt ein Kanarienvogel gefunden, den ich schließlich mit nach Hause nahm, um ihn, falls sich keine Besitzer melden, später zu vermitteln. Zu Hause vertrug er sich mit

4. Die Tiere

meinem Wellensittichpärchen so gut, daß ich ihn behielt. Denn bei mir durfte er wenigstens den ganzen Tag frei herumfliegen. Nachdem die Wellensittiche nacheinander gestorben sind, war er nun alleine. Jetzt machte ich einen Fehler: Automatisch schloß ich von den Wellensittichen auf Kanarienvögel und bekam schreckliche Gewissensbisse, daß der arme kleine Erwin nun den ganzen Tag alleine zu Hause ist.

Aus einem Tierheim ohne Voliere übernahm ich daraufhin einen zweiten Kanarienvogel. Er war ein richtiger Notfall, denn in Tierheimen ohne Voliere sitzen die Vögel nun wirklich den ganzen Tag blöd im Käfig herum und müssen dringend vermittelt werden. Ich holte also einen Zweitkanarienvogel und richtete damit eine Katastrophe an. Beide waren Männchen und veranstalteten nun tagtäglich Hahnenkämpfe. Erst dann informierte ich mich genauer und lernte, daß Singvögel ihr Revier gegen einen Geschlechtsgenossen verteidigen möchten. Wie bei den Meerschweinchen funktioniert es allerdings, ganz viele Kanarienvögel in einer großen Gruppe mit ausreichendem Platz (Voliere!) zu halten.

Schweren Herzens gab ich den gefiederten Neuzugang wieder ab, aber mit Einverständnis des Tierschutzvereines, mit dem ich ja schließlich einen Schutzvertrag geschlossen hatte, direkt in eine große Voliere. Es war ein komisches Gefühl, denn ich hatte noch nie ein Haustier wieder abgegeben. Aber bei absoluter Unverträglichkeit der Tiere bleibt wirklich keine andere Wahl.

Mein Erwin blühte daraufhin so auf, daß „er" sogar anfing, Eier zu legen. Ich war fassungslos – und offensichtlich immer noch nicht richtig informiert: Erwin war ein Weibchen! Also auch Männchen und Weibchen vertragen sich nicht immer! Wenn man ein wenig darüber nachdenkt, ist es ja auch logisch: In der freien Natur können sich die Tiere unter einer Vielzahl von Artgenossen „den Richtigen" aussuchen und denken überhaupt nicht daran, dem erstbesten ihre Gunst zu erweisen. Wieso sollte dies also Erwina tun, bloß, weil sie in meinem Arbeitszimmer lebte?

In unserem Haustiermagazin „Zeit für Tiere" haben wir im vergangenen Jahr einmal ein Wellensittich-Special gemacht, mit mehreren Beiträgen zur möglichst artgerechten Haltung der Klein-Papageien und deren Leben in der Freiheit, auf dem fünften Kontinent, in Australien. Daraufhin haben viele Zuschauer und Wellensittich-Halter bei verschiedenen Tierschutzvereinen angerufen, um sich einen Zweitvogel aus dem Heim zu holen. – Toll!

Übrigens, auch das kann vorkommen: Einmal hatte eine kleine Bielefelder Organisation, die Tier-Lobby, von heute auf morgen gleich hundert junge, bildhübsche Wellensittiche in allen nur erdenklichen Farben und Schattierungen aufnehmen müssen. Ein Züchter hatte aufgegeben!

Neben Wellensittichen und Kanarienvögeln gibt es auch häufig Nymphensittiche und Zebrafinken im Tierheim. Aber auch

4. Die Tiere

Käfigtiere wie dieser Kanarienvogel sollten möglichst wenig eingesperrt sein

Hühner und Hähne, Tauben, Beos, Unzertrennliche, Kakadus und Amazonen haben wir schon vorgestellt. Verschiedene Vereine haben sich auch auf Vogelschutz im Haustierbereich direkt spezialisiert, geben Ratschläge zu ihrer Haltung und helfen bei der so lebenswichtigen Verpaarung.[20]

Übrigens: Der Tierschutzverein Lüdenscheid hat, was Vögel und Geflügel angeht, besonders viel zu bieten und gleicht wohl eher einem Bauernhof als einem Tierheim. Im Sommer 95 erhielten wir die Nachricht, daß dort 87 (!) wenige Wochen alte Eintagshähne Aufnahme finden mußten, die ursprünglich als Uhu-Futter verschickt worden waren. Seitdem suchen die Lüdenscheider dringend tierliebe Hühnerhalter, die noch einen Hahn bei sich aufnehmen würden. Die Hähne sind besonders lieb und anhänglich und könnten daher u.U. auch als Einzeltier ohne Hennen gehalten werden – allerdings nicht zu mehreren Hähnen. Denn dann gäbe es entsprechende Kämpfchen.

Apropos Hahn: In der November-Sendung 94 stellte der Tierschutzverein Herford Hähnchen Kaspar vor. Er fand ein gutes Plätzchen und bekam gleich drei Gattinnen. Prima, solch eine „Nutztier"-Vermittlung klappt also auch.

5. Die Vermittlung

1. WENN SIE SICH FÜR EIN TIER INTERESSIEREN

Für die Vermittlung der Tiere sind weder der WDR noch Stardust Produktionen zuständig und verantwortlich, sondern alleine die Tierschutzorganisationen.

Wie kommen Sie nun aber zu „Ihrem" Tier, falls Sie sich in der Sendung eines ausgeguckt haben? Sie suchen also entweder ganz bewußt einen (neuen) vierbeinigen oder gefiederten Hausgenossen, oder Sie sehen vielleicht zufällig „Tiere suchen ein Zuhause". Sie gucken also zu und sehen ihn – oder sie, genau den Grautiger, den Sie sich schon immer gewünscht haben, oder den Boxermischling, der genauso aussieht wie der, der Ihnen gerade gestorben ist, oder Sie sehen nur einen gutmütigen Blick, Augen einer scheuen Hündin, die Ihnen schließ-

Markieren – notfalls auch vor laufender Kamera

lich klarmachen, was unter dem Klischee von „Liebe auf den ersten Blick" zu verstehen ist.

Nun rufen Sie den Rest der Familie, falls vorhanden, und fragen nach der Meinung der anderen. Gut, daß bei unserer Sendung alle Teilnehmer am Ende noch einmal im „Schnelldurchlauf" kurz gezeigt werden.

Inzwischen ist vielleicht auch klar, wie der Rest der Familie darüber denkt und was der Vermieter dazu meint. Und falls auch die Nacht, die Sie darüber geschlafen haben, nichts an Ihrem Interesse geändert hat, dann sollten Sie nun dringend anrufen, wenn Sie das nicht schon sofort und ganz spontan getan haben.
Rufen Sie bitte direkt unter der in der Sendung eingeblendeten Telefonnummer des jeweiligen Tierschutzvereines an –

Dieses Hundepärchen wurde zusammen vermittelt

5. Die Vermittlung

Ein Leckerli hilft gegen Lampenfieber

bitte nicht beim Westdeutschen Rundfunk. Nur die Tierschützer können Ihnen nähere Auskunft über das jeweilige Tier geben und Ihre Fragen beantworten. Und sie alleine sind auch für die Vermittlung zuständig und nicht die Redaktion des WDR.

2. WENN DIE TELEFONE HEISSLAUFEN

Einerseits ist es schön, wenn sich Zuschauer spontan für ein Tier begeistern und gleich anrufen. Andererseits, so sagen die Tierschützer, sind die Anrufe, die später kommen, oft die besseren.

Jeder möchte ja gerne gut mit aufs Bild kommen

Denn bei den Spontananrufern ist häufig das Interesse schnell wieder erloschen. Das soll Sie nicht davon abhalten, rasch zum Telefon zu greifen. Eine erste Kontaktaufnahme ist völlig unverbindlich. Ich möchte Sie nur dazu ermuntern, sich

5. Die Vermittlung

Wie soll man sich hier entscheiden?

ruhig auch noch nach ein paar Tagen zu melden, wenn Sie sich erst dann dazu durchringen können.
Ein Wort an die Kinder: Ich finde es großartig, wenn Ihr unsere Sendung nicht nur guckt, sondern Euch auch einmal für ein Tier interessiert. Aber habt bitte Verständnis, daß die Tierschützer mit Euren Eltern sprechen müssen. Ihr könnt ja ruhig die Initiative ergreifen und anrufen, müßt dann aber bitte den Hörer an Eure Eltern weiterreichen, denn die Tierschützer müssen ja wissen, ob die auch einverstanden sind.

Ein großes Problem ist in der Tat, daß man, wenn – unmittelbar nach der Sendung – die Telefone heißlaufen, mitunter einfach nicht durchkommt. Auch dann hilft es nicht, beim Sender anzurufen, denn die Redaktion hat auch keine andere Telefonnummer und Möglichkeit, den Kontakt herzustellen. Statt dessen helfen nur zwei Dinge: Geduld und Hartnäckigkeit. Irgendwann wird die

5. Die Vermittlung

Leitung schon frei sein, und es kommt ja bei der Vermittlung auch nicht auf Schnelligkeit oder auf die Reihenfolge der Anrufe an. Nach unserer Absprache sollten die Tierschutzvereine bis mindestens 22 Uhr 30 am Telefon sein und am darauffolgenden Tag nochmals während des ganzen Tages.

Manche Zuschauer und Interessenten scheinen zu befürchten, bei „Tiere suchen ein Zuhause" laufe die Tiervermittlung nach dem Motto: Wer zuerst kommt, ... – Aber das ist natürlich keineswegs der Fall.

Im Gegenteil. Für die Vermittlung nehmen sich die Tierschützer viel Zeit. In der Regel notieren sie erst einmal Namen und Telefonnummern der Anrufer, selektieren dabei vielleicht schon ein wenig diejenigen aus, die gar nicht in Frage kommen, und verabreden mit den anderen einen Rückruf oder gleich einen Termin für einen Besuch im Tierheim.

In der nächsten Phase kann es nun schon einmal vorkommen, daß diejenigen, die möglichst bald Zeit für einen persönlichen Besuch haben, ein wenig im Vorteil sind – aber natürlich nur, wenn es sich um wirklich geeignete Interessenten handelt. Ein Tierschutzverein kann eine vielversprechende Vermittlung nicht über Wochen hinziehen und die Leute entsprechend vertrösten, nur weil andere Interessenten erst so viel später kommen können. Das wäre auch dem Tier gegenüber unfair, das ja schließlich möglichst schnell sein neues Zuhause bekommen soll.

3. WIE EINE VERMITTLUNG VOR SICH GEHT

Ab jetzt geht die Vermittlung unserer Fernseh-Tiere auch nicht anders vor sich als die der anderen Tierheimschützlinge, außer daß vielleicht bei den Kandidaten aus der Sendung mehr Interessenten zur Auswahl stehen und die Tierschützer im schlimmsten Fall damit etwas überfordert sein könnten. Wir hatten einmal einen Dobermann, für den 800 (!) Anrufe kamen. Da kann es leider schon einmal passieren, daß der eine oder andere versprochene Rückruf ausbleibt. Das ist für die betroffenen Zuschauer und

Tierheimtiere, wie Brösel, werden grundsätzlich nur per Schutzvertrag abgegeben

5. Die Vermittlung

Vertrags- und gesetzeswidrig an der Kette!

Interessenten mehr als ärgerlich, und ich möchte mich an dieser Stelle ausdrücklich dafür entschuldigen, wenn es einmal passieren sollte.

Wenn Sie ins Tierheim kommen, wird man Sie vielleicht mit einem Hund erst einmal Gassi gehen lassen. Dazu müssen Sie allerdings Ihren Personalausweis hinterlegen. Für eine endgültige Vermittlung möchten die Tierschützer sicher gerne die ganze Familie kennenlernen. Denn alle müssen ja schließlich mit dem Neuzugang auskommen und ihn mögen. Vor allem Kindern kann man ganz gut ansehen, wie sie sich gegenüber einem Tier verhalten.

1. Der Schutzvertrag

Wird ein Tier an Sie vermittelt, so wird ein Vertrag abgeschlossen. Darin verpflichten Sie sich, Ihren neuen Hausgenossen artgerecht zu halten, d.h. einen Hund nicht an der Kette oder im Zwinger und einen Vogel oder einen Nager nicht ausschließlich im Käfig zu halten. Mitunter werden besondere Konditionen festgelegt, wie z.B. bei einer Katze Freigang oder reine Wohnungshaltung, oder bei Papageienvögeln, Kaninchen oder Meerschweinchen keine Einzelhaltung.

Außerdem unterschreiben Sie, daß Sie ein Tier ausreichend ernähren, versorgen und pflegen, im Krankheitsfall einen Tierarzt aufsuchen und ihm kein Leid antun, also eigentlich alles ganz selbstverständliche Forderungen an ein gutes neues Zuhause.

Wichtig ist noch, daß Sie das Tier nicht einfach an einen Dritten weitervermitteln dürfen. Statt dessen sind Sie laut Vertrag verpflichtet, das Tier, wenn Sie es bedauerlicherweise eines Tages nicht mehr selbst behalten können oder wollen, unbedingt wieder an den ursprünglichen Tierschutzverein zurückzugeben. Falls Sie selber einen guten neuen Platz, vielleicht in der Verwandtschaft oder im Bekanntenkreis finden konnten, teilen Sie dies dem Tierschutzverein mit und bitten um seine Zustimmung, die er dann sicher nicht verweigern wird.

Auch für die Abgabe des Tieres an einen anderen Tierschutzverein bedarf es zuvor

5. Die Vermittlung

der ausdrücklichen Erlaubnis des alten Vereins. Normalerweise dürfen andere Tierschutzvereine dieses Tier auch gar nicht einfach annehmen. Wir stellen in „Tiere suchen ein Zuhause" solch ein Tier jedenfalls nur vor, wenn die ursprünglich für das Tier verantwortliche Organisation auch wirklich damit einverstanden ist. Das gilt selbst dann, wenn die Vermittlung schon viele Jahre zurückliegt, denn der Schutzvertrag gilt für ein ganzes – hoffentlich sehr langes – Tierleben!

Falls Ihr Tier eingeschläfert werden muß oder gestorben ist, teilen Sie auch das bitte dem Verein mit, ganz besonders dann, wenn ein entsprechender Unfall oder eine tödliche Krankheit in noch jungen Jahren oder kurz nach der Vermittlung eingetreten sind.

Auch wenn das Tier entlaufen, entflogen oder vielleicht sogar gestohlen wurde, melden Sie das bitte sofort. Vielleicht können Ihnen die Tierschützer ja auch bei der Suche nach dem Vermißten helfen. Bleibt noch zu erwähnen, daß der Verein auch im Falle eines Umzugs von Ihrer neuen Adresse in Kenntnis

gesetzt werden möchte. Das sollte schon deshalb geschehen, weil sich der Verein laut Schutzvertrag das Recht vorbehält, auch später noch einmal nach der Haltung seines Schützlings zu sehen.

2. Die Kontrolle

Normalerweise und wenn ein Verein genügend (meist ehrenamtliche) Helfer hat, besichtigen die Tierschützer vor der Vermittlung die potentielle neue Stelle. Vorkontrolle nennt man das. Dieser Begriff impliziert bereits, daß es noch eine Nachkontrolle gibt. Die kann – je nach Absprache – nach kurzfristiger Anmeldung oder auch völlig unangemeldet geschehen. Vertrauen ist gut, ...
Für dieses, wie ich meine, gesunde Mißtrauen der Tierschützer möchte ich bei Ihnen um Verständnis werben. Es ist nur schwer vorstellbar, was diese engagierten Leute bei ihrer Arbeit schon erlebt haben. Daß ein Hund (sogar Welpen!) entgegen allen Beteuerungen und völlig vertragswidrig dann doch an der Kette oder ganztags im Zwinger oder im Badezimmer oder ausschließlich auf dem Balkon gehalten wird, ist noch das harmloseste, was die Kontrolleure bei Ihren Besuchen antreffen.

5. Die Vermittlung

Viele Tiere kommen in elendem Zustand ins Heim und müssen erst einmal wieder aufgepäppelt werden

Dem Perserkater Poldi sieht man die Qualzucht an: Die Nase ist fast weggezüchtet, und die Tränenkanäle sind immer verstopft

Da ist ein Bernhardinermischling völlig unterernährt, ein anderer Hund wurde seit seinen Tierheimzeiten nie wieder geimpft, eine Pudelhündin wird im Bretterverschlag als Zuchttier mißbraucht, ein rassiger Artgenosse ist an einen Händler weiterverkauft worden, eine Katze ist noch verängstigter als vor ihrer Vermittlung, einen verfilzten Perserkater kann nur noch eine Radikal-Schur retten, ein anderer Kater ist längst verschwunden, ein Kaninchen sitzt bis zum Hals im Dreck.

Haben Sie also bitte Verständnis für die Nachkontrolle. Manchmal beschweren sich sogar die neuen Tierbesitzer bei uns, weil niemals jemand zum Kontrollieren

5. Die Vermittlung

kam. Das darf natürlich nicht passieren, das ist richtig. Aber entweder haben sie gleich einen solch guten Eindruck gemacht, daß die Kontrolle überflüssig wurde, oder ein Vereinsmitglied kennt ihre Nachbarn und konnte die fragen, oder, was eigentlich nicht sein darf, die Tierschützer sind personell einfach überfordert und schaffen ihr Pensum nicht. Mit Sicherheit ist dieser letzte Fall aber die Ausnahme!

Die Kontrolle ist auch der Grund, weshalb Tierschutzvereine so ungern in weiter entfernte Orte vermitteln. Sie möchten verständlicherweise nicht jedesmal zweihundert Kilometer weit fahren, um sich vom Wohlergehen eines Schützlings zu überzeugen. In solchen Fällen empfehlen wir den Tierschützern, mit ihren Mitstreitern am Ort der Vermittlung Kontakt aufzunehmen und den dortigen Tierschutzverein zu bitten, die erforderliche Kontrolle zu übernehmen. Eine gute Vermittlung darf unserer Meinung nach nicht an der Entfernung scheitern, schon gar nicht, wenn man sich dabei des Mediums Fernsehen bedient, das nun einmal über die Grenzen eines Landkreises hinaus empfangen wird, der WDR über Kabel und Satellit ja sogar bundesweit.

Das Tierheim Troisdorf hatte nach einer Sendung im Oktober 95 über einhundert Anrufe für sieben Vierbeiner – darunter

Warten auf ein neues Zuhause

5. Die Vermittlung

Zwar weise ich in der Sendung immer wieder darauf hin, daß auch Tierheimtiere keineswegs umsonst abgegeben werden. Aber immer noch sind einige Menschen darüber äußerst erstaunt, weil sie davon ausgehen, die Tierheime müßten froh sein, wenn sie ein Tier „los sind". Das sind sie schon, aber nur, wenn ihr Schützling eine wirklich gute Stelle gefunden hat, und nicht, weil ihnen einfach nur ein Esser weniger auf der Tasche liegt.

Wenn sie die Tiere nur „loswerden wollten", brauchten sie sie ja gar nicht erst aufnehmen. Es geht hier schließlich um Tierschutz und nicht darum, möglichst viele Tiere unter die Leute zu bringen.

Die Vermittlungsspende oder Schutzgebühr, wie ich es eigentlich lieber nenne, ist absolut notwendig:

eine Ratte (Felix) – bekommen. Ein Sennenmischling zog daraufhin nach Hannover, ein etwas nervöser Dobermann kam nach Pirmasens. Das sollte doch auch möglich sein. Und außer Felix wurden dabei übrigens noch viele andere Ratten an entsprechende Liebhaber gebracht.

Sie dient dem Schutz des Tieres, und dazu kommt der psychologische Effekt. Etwas, das man umsonst bekommen hat, was einem quasi „hinterhergeworfen" wurde, ist für manche Leute nichts wert. Das kann man selber wieder weiterverschenken oder wegwerfen.

3. Die Vermittlungsgebühr

Allgemein üblich sind etwa 250 bis 300 Mark für einen Hund und zwischen 80 und 120 Mark für eine Katze. Für Kleintiere und Vögel sollten Sie zwischen zehn und fünfzig Mark bezahlen, für Papageien natürlich deutlich mehr.

Viele Tierschützer fordern daher auch höhere Preise für die lebendige Ware des Zoohandels. Solange Wasserschildkröten, Hamster und Meerschweinchen bereits für ein paar Mark zu erstehen sind, so lange gelten sie für viele als Wegwerfartikel – nach dem Motto: Lieber nach dem Urlaub einen neuen kaufen, als

5. Die Vermittlung

großartig herumzufragen, wer ihn während der Ferienzeit hütet oder am Ende auch noch Geld für Pflege und Unterbringung zu bezahlen. Bei einem teuren Tier würden sich sicher viele Menschen nicht nur die Anschaffung gründlicher überlegen, sondern auch besser über Fragen der Haltung informieren.

Zweitens braucht der Tierschutz Geld. Eigentlich braucht er mehr Geld, als er je einnehmen wird. Aber jeder Pfennig ist bitter nötig und willkommen. Man hört zwar immer wieder von reichen Tierschutzvereinen, von Millionenkonten und immensen Erbschaften. Ich kenne aber keinen solchen Verein und schätze ihre Zahl in Deutschland auf vielleicht zwei, höchstens drei.

Gehen wir also vom Normalfall aus, von einem Verein, der sich neben spärlichen Mitgliedsbeiträgen auch ein wenig finanzieller Unterstützung durch die Kommune erfreuen kann und ab und zu einmal etwas erbt. Von den Erbschaften können dann endlich die Katzen im benachbarten Industriegebiet kastriert werden oder dringende Reparaturen bezahlt, ein neuer Zaun, ein neues Hunde- oder Katzenhaus, eine Quarantänestation, Fliesen für die hygienischen Auflagen der Veterinärämter, die dringend notwendige Voliere, das langersehnte Kaninchengehege oder ein kleiner Gnadenhof endlich in Angriff genommen werden.

Oder, wenn es ganz schlimm ist, stapeln sich bereits eine Menge unbezahlter Rechnungen für den Tierarzt, für Strom, Wasser oder Telefon – und Futter. Außerdem gibt es – wie gesagt – jede Menge kleinerer Organisationen oder sogar privater Initiativen, die gar keine Unterstützung durch Städte und Gemeinden bekommen und bei denen die Mitglieder regelmäßig viel aus eigener Tasche bezahlen. Das gilt besonders für die zahlreichen Katzenhilfen in den ländlicheren Regionen.

Bedenken Sie nun, daß Sie ein Tierheimtier in aller Regel geimpft, teilentwurmt, evtl. kastriert und tätowiert oder mit Mikrochip, dem „Personalausweis für Tiere unterm Fell", anvertraut bekommen, dann sind zwei- bis dreihundert Mark für einen Hund und um die hundert Mark für eine Katze doch wirklich nicht zu viel. Manche Tierheime verlangen für einen kastrierten Hund etwas mehr, denn allein dieser Eingriff kostet bei einem Rüden und bei einer Hündin um die 400 bis 500 Mark.

Katzen werden nur im jugendlichen Alter unkastriert

5. Die Vermittlung

Wenn es geht, bringen Tierheimmitarbeiter ihre Schützlinge gerne paarweise oder in kleinen Gruppen unter

abgegeben, und dann wird die Kastration zum baldmöglichsten Zeitpunkt im Schutzvertrag festgelegt. Im Interesse der Tiere und ihrer zukünftigen Besitzer haben außerdem viele Katzenschutzvereine ihre Abgabetiere bereits auf die verschiedenen Viruskrankheiten (Leukose, FIP, FIV) testen lassen, was gleichfalls nicht billig ist.

Selbst wenn ein Tier, vielleicht weil es gesund und bereits geimpft abgegeben wurde und nur kurze Zeit im Heim oder auf einer Pflegestelle beherbergt werden mußte, dem Verein also nur wenig Kosten verursacht hat und der Tierschutz mit dessen Vermittlung etwas verdienen kann, macht er, insgesamt betrachtet, keinen

Gewinn, denn alle Einnahmen werden für andere Tiere benötigt. Wenn eine angefahrene Fundkatze mit gebrochenen Beinen mehrere Operationen braucht, um wieder auf selbige zu kommen, oder ein junger und an sich gesunder Schäferhund so HD-geschädigt ist, daß nur ein oder zwei künstliche Hüftgelenke helfen, dann kann der Tierschutz die dafür entstandenen Kosten von ein paar tausend Mark nicht vom nächsten Besitzer verlangen.

Andere Tiere können gar nicht mehr vermittelt werden, dürfen ihr „Gnadenbrot" genießen oder müssen eingeschläfert werden. Diese Kosten, am Ende auch noch für den Abdecker, trägt alle allein der Tierschutzverein. Vereine in ländli-

5. Die Vermittlung

chen Regionen können oft nur so schleppend vermitteln, daß sie viel weniger für ihre Tiere verlangen. Diese Regelung ist jedoch aus der Not geboren und sollte nicht ausgenutzt werden.

Denken Sie daran, wenn Sie für die Vermittlung ihres zukünftigen Familienmitgliedes zwischen 50 und 350 Mark bezahlen, daß Ihr Geld nur den anderen Tieren zugute kommt. Und da ist Ihr Geld doch auf jeden Fall besser aufgehoben als beim Züchter oder Zoohändler, oder? Natürlich kann man die Vermittlungsgebühren oder -spenden nicht über einen Kamm scheren. Für einen steinalten Hund oder eine behinderte Katze, für ein Tier, das nicht ganz gesund ist und ein besonderes Futter oder Medikament braucht, werden die Tierschützer kaum den gleichen Betrag erwarten wie für einen jungen, munteren Springinsfeld, der Ihnen noch viele Jahre Freude machen wird.

Außerdem gibt es einige wenige Tierheime, die auf die Methode schwören, erst eine Weile nach der Vermittlung einen Betrag nach eigenem Ermessen zu erwarten, und die dann, weil die Leute so glücklich mit ihrem Tier sind, fast immer eher mehr als weniger bekommen.

Mancher Verein differenziert zwischen Rassehund oder -katze und Mischling bzw. EHK (Europäisch Kurzhaar) und erwartet für ein „edles Rassetier" entsprechend mehr. Aus der Sicht der prekären Finanzsituation der Vereine ist das zwar verständlich, ethisch jedoch umstritten.

Bullterrier Arthos wurde eine Agressionsdressur aufgezwungen. Sein dadurch erworbenes Fehlverhalten gegenüber dem Menschen erwies sich als irreversibel. Die Aussichten auf ein neues Zuhause sind gleich Null.

Einerseits müßten die neuen Hunde- oder Katzenhalter bei einem Züchter – je nach Alter des Tieres – immer noch das Doppelte oder Dreifache hinblättern. Und die Einnahme durch den reinrassigen Kandidaten kommt natürlich wieder einem armen Mischling zugute. Andererseits sollten Tierschützer keinen Unterschied zwischen wertvolleren und weniger wertvollen Schützlingen machen. Denn damit bläst man ja gerade in das Horn derjenigen, denen Reinrassigkeit über alles geht, und der Züchter, die uns ihre Tiere immer als die kostbareren verkaufen möchten.

6. Der Einzug

*N*achdem alle Formalitäten erledigt sind, zieht der neue Hausgenosse nun bei Ihnen ein. Wenn es ein Hund ist, sollten sie ihn auf jeden Fall zu zweit abholen, damit sich während der Autofahrt einer um ihn kümmern kann. Katzen und Kleintiere werden im Korb oder Käfig transportiert.

1. DIE EINGEWÖHNUNG

Zu Hause angekommen, sollte es behutsam und ruhig zugehen. Verhindern Sie bitte, daß Ihre Kinder die halbe Nachbarschaft zur Feier des Ereignisses einladen und den neuen Freund gleich allen alten Freunden zeigen wollen. Alle sollten erst einmal leise sprechen, keine hektischen Bewegungen machen und den Neuankömmling nicht erschrecken. Falls Sie mehrere Kinder haben, dürfen die sich auf keinen Fall alle gleichzeitig auf das Tier stürzen.

Natürlich gibt es auch unter Tierheim-Insassen nervenstarke Rabauken, denen nichts etwas anhaben kann und die etwas Trubel durchaus zu schätzen wissen. Aber das ist die Ausnahme. Denn meistens hat ein Tierheimtier einiges hinter sich und ist eher ängstlich als verwegen.

1. Hunde

Meine Hündin Selina beispielsweise ist eine ehemalige Streunerin aus Sizilien und lange nicht mehr so ängstlich wie früher, aber sie erschreckt sich auch heute noch, nach fast vier Jahren, vor lauten Stimmen und hat Angst vor Besenstielen und Stöcken. Wenn man ihr ein Stöckchen warf, dachte sie anfangs, man werfe nach ihr. Also achten Sie auch beim Spielen immer darauf, daß Sie Ihren Schützling nicht erschrecken.

Einen Hund dürfen Sie während der Eingewöhnungszeit beim Spaziergang noch nicht von der Leine lassen. Wie lange diese Eingewöhnungsphase dauert, hängt von dem jeweiligen Tier und der Beziehung, die es zu Ihnen aufbaut, ab und liegt zwischen drei Tagen und drei Wochen. Tierschützer würden sicher eher für letzteres plädieren. Und das erste

Selina Ludwig unmittelbar nach ihrem Einzug

Wenn Sie sich nicht ganz sicher sind, leinen Sie Ihren Neuzugang am besten erst einmal probeweise in einem eingezäunten Grundstück ab

Ableinen sollte natürlich in gewohnter Umgebung stattfinden, so daß der Hund, falls er ausbüxt, wenigstens eine Chance hat, alleine den Weg nach Hause zu finden.

Unsere Selina ist während ihrer ersten Wochen bei uns fast immer alleine nach Hause gelaufen und hat mich damit zunächst ziemlich ratlos und besorgt gemacht. Dann merkte ich, daß sie einfach keine gemeinsamen Spaziergänge kannte und erst lernen mußte, daß wir, wenn wir zusammen loslaufen, auch gerne wieder zusammen zurückkehren. Es dauerte nicht lange, da fand sie das auch viel netter und verzichtete von ganz alleine auf ihre gewohnten Alleingänge. – Das Risiko, sie zuvor trotzdem immer wieder abzuleinen, auch auf die Gefahr hin, daß sie erneut ausbüxt und wir uns erst zu Hause wiedertreffen, konnte ich nur eingehen, weil sie sich als absolut intelligent, verkehrs- und orientierungssicher erwies und unterwegs nie mit anderen Hunden Streit anfing.

2. Katzen

Katzen, die als „Freigänger" leben sollen, müssen ungefähr einen Monat im Haus bleiben, bevor sie hinausdürfen. Aber auch hier müssen Sie den richtigen Zeitpunkt im Gefühl haben und sensibel dem jeweiligen Temperament einer Samtpfote anpassen. Wenn Ihre Katze bereits sehr zutraulich ist, den Kontakt zu Ihnen sucht und auf Ihr Rufen hin (häufig) angelaufen kommt, können Sie es mit dem Freigang riskieren. Begleiten Sie den Gartentiger bei seinem ersten Rundgang[22], rufen Sie ihn zwischendurch immer wieder einmal, geben Sie ihm ein

6. Der Einzug

Leckerchen, nehmen Sie ihn auf den Arm (wenn er es das mag) und streicheln Sie ihn, damit er lernt, daß er auch unter freiem Himmel immer noch zu Ihnen gehört.

Manche Katzenkenner sind besonders vorsichtig und empfehlen sogar erst einmal einen Spaziergang am Leinchen. Dazu müssen die Katzen aber an Halsband und Leine gewöhnt sein, sonst kommt zur ungewohnten Umgebung auch noch das ungewohnte Gefühl dazu, und das ist vielleicht ein bißchen viel auf einmal. Schwierig ist es mit einer sehr scheuen Katze. Leine und Halsband oder Geschirr würden bei ihr mit ziemlicher Sicherheit sofort einen Nervenzusammenbruch auslösen. Aber wann ist der richtige Zeitpunkt gekommen, sie – „ohne Netz und doppelten Boden" – in die Freiheit hinauszulassen? Wie groß ist das Risiko, daß sie nicht wiederkommt?

2. DREI BEISPIELHAFTE KATZENGESCHICHTEN

1. Der scheue Anton

Auch wenn ich immer wieder darum bitte, zu einer zutraulichen möglichst noch eine scheue Katze dazuzunehmen, muß ich aus eigener Erfahrung zugeben, daß das alles andere als einfach ist. Als wir uns endlich ein Katzenpärchen anschaffen konnten, fiel die Wahl auf Emil und Anton, zwei Freunde aus dem Tierheim, erst ein paar Monate alt, denn sie sollten sich ja noch mit unserer Hündin anfreunden.

Emil war fast vom ersten Tag an zutraulich; Anton dagegen brachte uns nahezu zum Wahnsinn, weil wir nie wußten, wo er im Moment steckte und welche Türe man gerade öffnen oder schließen konnte, ohne ihn ein- oder auszusperren. Erst nach Wochen merkten wir, daß er die meiste Zeit im Inneren (!) eines Sofas verbrachte, denn eines Abends guckte sein Schwanz unter der Lehne hervor. Es war also höchst zweifelhaft, ob er sich jemals an ein Leben in einer Wohnung gewöhnen würde.

Emil, der mir bald wie ein Hund nachlief, ließ ich nach gut vier Wochen an einem sonnigen Herbstwochenende erstmals in den Garten. Selbstverständlich machte ich es genau so, wie ich es Ihnen zuvor empfohlen habe und blieb in seiner Nähe. Trotzdem war er auf einmal weg. Ich bemühte mich, ruhig zu bleiben, ging im Haus meinen Tätigkeiten nach, guckte und rief immer einmal wieder in den Garten. Emil blieb weg. Nach ein paar Stunden lief ich durch den ganzen Ort und rief ihn immer panischer – ohne Erfolg. Dafür weiß hier nun wirklich jeder, daß ich einen rot-weißen Kater namens Emil habe. Eine Weile nachdem ich wieder zu Hause war, kam er dann an, als ob dies das Selbstverständlichste auf der Welt wäre. Und das war es von nun an auch. Ab jetzt durfte Emil, zumindest, wenn ich zu Hause war, immer raus.

6. Der Einzug

Der scheue Anton Ludwig einmal ganz entspannt

Ganz anders der scheue Anton. Den hatte ich ja nicht einmal in den eigenen vier Wänden auch nur annähernd unter Kontrolle. Deshalb konnten wir für Emil auch noch keine Katzenklappe eröffnen. Doch nach einem weiteren guten Monat hielt ich nun den Tag endlich für gekommen, auch Anton einmal hinauszulassen. Es war ein Tag, an dem ich zu Hause am Schreibtisch saß. Ich hatte mir auch eingebildet, Emil passe auf Anton auf, und die beiden würden draußen zusammenbleiben. Weit gefehlt. Jeder ging seiner Wege. Und Anton kam nicht wieder. Katzen sind halt ganz anders als Hunde! Es wurde später Nachmittag. Ich telefonierte aus anderen Gründen mit einer Tierheimleiterin und klagte ihr mein Leid. „Ist er denn schon kastriert?" fragte sie. „Äh, nein." – „Oje, ein unkastrierter, scheuer Kater, wenn der nach draußen kommt, erwachen sofort alle Instinkte eines verwilderten Tieres, und er vergißt sein Zuhause schnell. Du kannst nur eines machen: Richte einen Futterplatz im Garten ein, damit er wenigstens in der Nähe bleibt und nicht weiterzieht," empfahl sie mir.

Na, klasse, dachte ich, jetzt habe ich meinem Viertel hier einen unkastrierten Kater in die Landschaft gesetzt, der sich nicht anfassen läßt und den man nicht einmal in der Wohnung findet, geschwei-

6. Der Einzug

ge denn draußen. Wie schrecklich! Und wie peinlich!

Am Abend kam mein Mann nach Hause. „Der Anton ist weg", begrüßte ich ihn. Und er antwortet traurig, aber auch fast ein bißchen erleichtert: „Vielleicht ist es besser so. Er hat sich doch hier sowieso nicht wohl gefühlt und in ständigem Streß gelebt. Draußen ist er bestimmt glücklicher." – Oh Gott, wie furchtbar, der kleine Anton wird immer ein Streuner bleiben, heimatlos und allen Gefahren ausgesetzt, dachte ich und fand es ehrlich gesagt ganz schrecklich, daß mich ein Haustier verläßt, weil es sich bei mir nicht wohl fühlt. Das nahm ich persönlich. Doch so schnell gab ich nicht auf. Als alle im Bett waren und das ganze Haus ruhig war, öffnete ich beide Flügel der Terrassentür, setzte mich, in einen dicken Mantel eingehüllt, mit einem großen Glas Rotwein auf die Stufen an der Tür und rief in allen Tonlagen nach meinem schwarzen Kater.[23]

Das klingt sehr kitschig, aber: Ich fand den Gedanken, Anton zu verlieren, immer unerträglicher und merkte, wie lieb ich ihn doch schon hatte, nämlich mindestens genauso lieb wie seinen Kumpel Emil, der mir übrigens in dieser Situation keinerlei Hilfe war. Weder suchte er seinen Freund, noch schien ihn dessen Abwesenheit zu beunruhigen. Ich dagegen wollte gerne weiterhin in Kauf nehmen, stundenlang das Haus vom Keller bis zum Dachboden nach unserem Schwarzen abzusuchen, wenn er nur wieder zurückkäme. Und das Sofa könnte man ja aushöhlen, damit er

ein bißchen mehr Platz in seinem Versteck hat. Wenn er nur wiederkommt. So rief ich unbeirrt in den süßesten Flötentönen nach ihm – mir war egal, was die Nachbarn dachten.

Nach über einer Stunde, gegen halb zwei Uhr nachts, tauchten zwei schräggestellte, wunderschöne grüne Augen aus dem Dunkel auf. Langsam, ganz langsam und entsetzlich zögernd kam er näher. „Anton!" – Wenn ich jetzt einen Fehler mache, schoß es mir durch den Kopf, eine hektische Bewegung vielleicht, oder wenn ich ihn zu früh greifen will, ist er weg für immer. Und wenn gerade jetzt die Selina aufwacht und irgendeinen Blödsinn macht, jagen oder Fangen spielen will, dann auch. Also keine schlafenden Hunde wecken und auch ansonsten ruhig Blut bewahren.

„Anton," säuselte ich, „schau, hier ist Dein Lieblingskäse, komm." Daß der schüchterne Kater nämlich eine ganz große Leidenschaft hatte, war mir bereits in den zwei Monaten unserer Bekanntschaft klar geworden: Dänischer Butterkäse! Ich schnippelte nun – äußerlich ganz ruhig – jede Menge Käsestückchen und warf sie lockend auf die Terrasse. Dabei sprach ich beruhigend auf ihn ein. Anton war hin- und hergerissen! Schließlich blieb er genau so stehen, daß ich die Tür nicht hinter ihm schließen konnte. So dauerte der Nervenkitzel noch etwa eine halbe Stunde: Lockruf – Butterkäse – Zögern, Lockruf – Butterkäse – Zögern, Lockruf – Butterkäse – Zögern, so ging es die ganze Zeit. Auf einmal schien er

6. Der Einzug

Emil als junger Kater am Schreibtisch

einen Beschluß gefaßt zu haben, gab sich einen Ruck und spazierte ins Zimmer. So schnell ist noch nie eine Terrassentür geschlossen worden. Er ist also zurückgekommen!! Ich war so froh, und er, glaube ich, auch.

Manche mögen es für leichtsinnig halten, aber schon am übernächsten Tag ließ ich ihn wieder raus. Wer einmal wiederkommt, dachte ich, wird immer wiederkommen. Und so war es auch. Als die beiden Kater gut einen Monat später kastriert waren, bekamen sie eine Katzenklappe und gehen seitdem nach ihren Wünschen und Bedürfnissen ein und aus.

Es hat noch zirka ein Jahr gedauert, bis Anton sich (gerne) anfassen und auf den Arm nehmen ließ.

Also haben Sie bitte Geduld mit scheuen Tieren! Antons gleichfalls ängstlicher Bruder ist leider wieder ins Tierheim zurückgebracht worden, weil er nicht zutraulich wurde und die Leute keine Geduld mehr hatten. Das ist schade. Vielleicht hätten sie ihm einfach noch ein paar Wochen oder Monate Zeit geben müssen. Anton ist inzwischen ein großer Schmuser und nur noch Fremden gegenüber scheu. Und von seinem Talent, sich bei Bedarf für längere Zeit unsichtbar zu

6. Der Einzug

Anton mit seinen beiden Kumpels im Hundekörbchen

ziergänge mit Mensch und Hund! Und im Gegensatz zur sizilianischen Selina fand er es dabei von Anfang an toll, gemeinsam loszugehen und gemeinsam zurückzukommen!

2. Die Gartentiger

Bei verwilderten Hauskatzen kann es schon einmal vorkommen, daß sich ein Streuner selbst ein (neues) Zuhause sucht. Katzen suchen sich nun einmal ihr Heim gerne selbst aus. Nach welchen Kriterien das jedoch geschieht, kann ich nicht sagen, obwohl ich mir schon viele Gedanken darüber gemacht habe.

Meistens haben die eigenwilligen Samtpfoten jedoch einen guten Riecher. Sonst würden sie nicht so häufig Katzenfreunden zulaufen. Aber leider können sie oft gerade dort nicht bleiben, weil Katzenfreunde eben meistens schon Katzen haben, mitunter mehr als genug, da ihnen nämlich regelmäßig welche zulaufen. Und nicht immer vertragen sich die alteingesessenen Tiere mit dem Neuen.

In einer ruhigen Einfamilienhaus-Siedlung am Rande einer Großstadt lebte eine verwilderte Streuner-Katze, die sich von einem italienischen Gastwirt verköstigen ließ. Lebenserfahren und gewieft, wie sie war, tappte sie nie in eine Katzenfalle und beglückte statt dessen zweimal im Jahr die Gegend mit einem niedlichen Wurf Katzenbabys. Der Restaurantbesitzer und eine verantwortungsvolle, katzen-

machen, macht er nur noch selten Gebrauch.

Natürlich bleibt bei den Haltern von Freigängern immer die Angst, ob die Katzen auch jedesmal wohlbehalten von ihren Streifzügen zurückkehren. Und inzwischen weiß ich, daß der Bewegungsradius meiner Kater weitaus größer ist, als ich dachte, und daß die beiden dabei auch eine relativ verkehrsreiche Straße überqueren. Schön finde ich das nicht, aber ich möchte die beiden, bzw. inzwischen drei Katzen, nicht einsperren, nur weil ich Angst um sie habe. Das ist mein und nicht ihr Problem. Emil unternimmt übrigens auch gerne richtig große Spa-

6. Der Einzug

närrische Nachbarin ließen nach und nach alle Jungen kastrieren, aber der Stamm-Mutter war nicht beizukommen. Die Jungen waren so scheu, wie die Nachkommen verwilderter Hauskatzen es eben meistens sind. Da nicht alle bei dem katzenlieben Italiener bleiben konnten, und die Katzennärrin natürlich auch schon ein Katzenpärchen (namens Pfeffer & Minz!) hatte, das dummerweise auch keine weiteren Samtpfoten duldete, mußten sich einige Tiere der jungen Generation ein neues Zuhause suchen.

Sie taten dies mit großer Treffsicherheit, teilten die geeigneten (hundelosen) Familien regelrecht untereinander auf und nisteten sich einer nach dem anderen die Straße entlang bei ihnen ein. Aus Straßen-Katzen wurde schließlich eine Katzen-Straße! Ein Haus ließen sie allerdings ganz offensicht-lich aus: Darin wohnte ein Ehepaar, das schon im Sommer anfängt, die Vögel zu füttern ...

Eine dieser Katzen, die bei Revierauseinandersetzungen mit Pfeffer & Minz schon den kürzeren gezogen und sich ein kaputtes Auge eingehandelt hatte, zog es zu meinen Schwiegereltern. Eine kluge Wahl, wie sich herausstellte. Zuerst lungerte sie im Garten herum und begleitete die Menschen bei ihren dortigen Tätigkeiten. Als nächstes nahm sie von den Gartenmöbeln Besitz, wobei vor allem die mit Kissen bevorzugt wurden. Als es kalt wurde, begehrte sie Einlaß in den Keller. Er wurde ihr gewährt. Jeden Abend brachte sie zwecks Übernachtung ihre Schwester mit, die sich wahrscheinlich bei ihren Auserwählten nicht ins Haus traute, sich aber tagsüber ungestört in deren Garten aufhalten durfte und dort auch gefüttert wurde.

Nun wurde es Zeit, den letzten Schritt anzupeilen: den Einzug in Wohn- und Schlafzimmer. Auch der ist inzwischen geglückt. Nur wenn unsere Selina zu Besuch kommt, sucht der Gartentiger sicherheitshalber lieber das Weite.

Der Vorteil von so einer Katzen-Straße ist natürlich, daß die Nachbarn alle das gleiche Problem haben, wenn sie in Urlaub fahren, und sich daher gegenseitig gerne bei der Katzenversorgung

6. Der Einzug

unterstützen. Und da es sich um ein Viertel mit auffallend vielen naturnahen Gärten handelt, mit vielen heimischen Hölzern, Hecken und fassadenbegrünten Häusern, ist auch die Vogelwelt nicht durch die hohe Katzenpopulation bedroht, sondern zeichnet sich durch ausgesprochene Artenvielfalt aus. Und mit viel List und Tücke soll es inzwischen sogar gelungen sein, die fruchtbare Stamm-Mutter zu kastrieren.

Da, wie gesagt, die vielen scheuen, verwilderten Hauskatzen unser ganz großes Tierschutzproblem sind, möchte ich Sie herzlich bitten, ähnlich tolerant zu verfahren, wenn sich ein/e Streuner/in bei Ihnen einnistet und absolut sicher ist, daß das Tier wirklich herrenlos ist und nirgends vermißt wird.

Es muß ja wirklich nicht jeder Katzen so lieben, daß er sich freut, wenn sie auf seinem Sofa liegen und in seinem Bett schlafen. Manch einer will auch einfach kein Tier im Haus haben. Das muß man akzeptieren. Aber vielleicht stört es diese Menschen ja nicht, wenn ein begabter Mäusefänger am Haus lebt und mit einem täglichen Schälchen Futter und frischem Wasser schon vollauf zufrieden ist.

Geräteschuppen, Gartenhäuschen, Garagen und Keller sind im Winter gute Übernachtungsplätze, wenn man sie mit einer Decke oder einem Kissen ein wenig gemütlicher macht. Und bei Abwesenheit kann sich leicht ein freundlicher Nachbar um die anspruchslosen Gartentiger kümmern.

3. Die Schulkatze

In der Grundschule, in der meine Schwester unterrichtet, tauchte regelmäßig eine Streunerin auf, erbettelte die Pausenbrote der Kinder oder zumindest die Wurst, die darauf lag. Langsam wurde sie zum ständigen Gast und hielt sich auch gerne und immer länger in den Klassenzimmern ihrer Wahl auf. Auch sie gehörte zu denen, die genau wissen, was sie wo machen können, und lungerte immer nur bei katzenfreundlichen Lehrern herum. Die Pausenbrote wurden dort bald durch richtiges Katzenfutter ersetzt. Aber je mehr es auf den Winter zuging, desto mehr machten sich meine Schwester, ihre Kollegen und Schüler Sorgen um die Schulkatze. Was sollte aus ihr werden, wenn es kalt wird und die Weihnachtsferien beginnen? Drei lange Wochen wird das Schulgebäude verschlossen sein, und dann ist auch keiner da, der füttert. Außerdem mußte die Streunerin dringend kastriert werden, weil sonst demnächst immer mehr Schulkätzchen dem Unterricht folgen würden.

Sie ließ sich nie anfassen. So stellte der örtliche Tierschutzverein eine professionelle Katzenfalle zur Verfügung, konnte aber niemanden zum Einfangen abstellen. Das mußten die Lehrer schon selber tun. Es klappte schnell. Die Katze kam nun zwecks Impfung und Kastration ins Tierheim, zunächst in Quarantäne. Die Schüler sammelten Geld, die Lehrer legten zusammen, damit dem Tierschutzverein möglichst alle Ausgaben ersetzt werden konnten.

6. Der Einzug

Inzwischen hatte sich nun ein Lehrer, der in ausreichender Entfernung von der Schule auf dem Lande lebte, bereit erklärt, der Katze nach ihrem Tierheimaufenthalt Obdach und Verpflegung zu bieten. Gesagt, getan. Nach einer angemessenen Eingewöhnungszeit, die ihn sicher viel Nerven und Möbelkratzer kostete, öffnete der Lehrer schließlich der Grautigerin die Tür für ihren ersten Erkundungsgang. Sie verließ erhobenen Hauptes und ohne das geringste Zögern sein Haus – und kehrte niemals zurück!

Alles umsonst, die ganze Mühe, dachten die Schüler und Lehrer. Hatten sie etwas falsch gemacht? Sie hatten es doch nur gut gemeint. Was sollte denn ausgerechnet jetzt, im Winter, aus der armen Katze werden? – Nun, es wurde eine Nachbarkatze aus ihr! Eine Woche nach ihrem coolen Abgang entdeckte der Lehrer, daß die Ex-Schulkatze ganz selbstverständlich bei seinem Nachbarn lebte. Und das tut sie noch heute, warum, wissen wir nicht. Aber das ist ja gleichfalls eine wunderbare Lösung des Problems. Auch wenn sich der Lehrer vielleicht noch lange gefragt hat: „Was hat der Nachbar, was ich nicht habe?" Falls Sie zu den Tierfreunden gehören, die bereit sind, verwilderten Hauskatzen, die – freiheitsgewohnt wie sie sind – in der Enge eines Tierheims ja besonders leiden, eine neue Heimat zu bieten, kann so etwas schon passieren. Das wissen aber auch die Tierschützer und werden Ihnen dann mit Sicherheit keine Vorwürfe machen.

3. WAS BRAUCHT IHR TIER?

1. Hunde

Zeigen Sie Ihrem Hund gleich nach seinem Einzug seinen Schlafplatz. Rechnen Sie damit, daß er sich aber vielleicht lieber einen anderen aussucht. Kaufen Sie nicht gleich ein teures Körbchen. Manche Hunde wollen lieber auf einer Decke oder Matratze liegen, nehmen einen Sessel in Beschlag oder schlafen auf dem Sofa, wenn sie das dürfen.

Welpen und Hunde in der „Halbstarkenphase" bis zu einem Jahr zerbeißen noch ziemlich viel. Ein schickes Körbchen wäre da Geldverschwendung. Aber auch Decken, Kissen und Matratzen lassen sich wunderbar zerfetzen und sollten daher nicht gerade Ihre besten Stücke sein.

Wir haben auch vierbeinige Fans

Körbchen, Halsbänder, Leinen und Näpfe können Sie auch gut auf dem Flohmarkt oder per Zeitungsinserat gebraucht erstehen. Sie müssen dann halt nur alles entsprechend gründlich reinigen und desinfizieren! Schaffen Sie sich auch gleich ein paar Reserveleinen an. Leinen werden nämlich besonders gerne zerbissen oder verloren.

Für langbeinige, große Hunde gibt es Näpfe mit Gestell, damit sich die Tiere beim Essen nicht so bücken müssen. Das ist in diesem Fall keine Verhätschelung, sondern besser für Knochenbau und Rücken. Natürlich kann man die Näpfe aber auch einfach irgendwo draufstellen, wo sie nicht verrutschen. Für Cockerspaniel empfiehlt sich ein Spezialnapf mit hohem Rand, damit die langen Ohren nicht immer im Futter hängen. Ansonsten braucht der Hund noch Spielsachen, Kauknochen und eine Bürste. Erkundigen Sie sich im Tierheim, ob Ihr Liebling vielleicht auch noch ein Flohmittel braucht und ob es etwas gibt, was er besonders gerne oder besonders ungerne ißt.

2. Katzen

Der folgende Hinweis ist ein alter Hut, aber es gibt immer wieder schreckliche Unfälle, weil es eben doch nicht jeder weiß: Bitte lassen Sie niemals ein Fenster gekippt, wenn Ihre Katze alleine zu Hause ist. Vor allem reine Wohnungskatzen

„Ich lege mich doch nicht in ein Körbchen hinein!"

6. Der Einzug

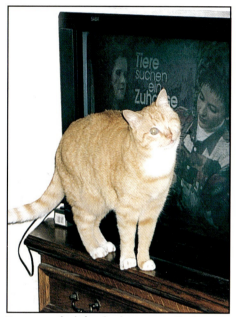

Das war mal wieder eine interessante Sendung

kann sie im Zug gefahrlos ihr Transportkörbchen verlassen und auf längeren Autofahrten Gassi geführt werden. Achtung: Selbst das ruhigste Tier kann in ungewohnter Umgebung mit Panik reagieren.

Aber auch, wenn Sie nicht vorhaben, Ihre Katze/n mit auf Reisen zu nehmen, brauchen Sie auf jeden Fall eine Transportbox für Fahrten zum Tierarzt oder zur Pflegestelle während der Ferienzeit. Auf keinen Fall sollte man eine Katze frei im Auto herumklettern lassen. Das Risiko, daß sie Ihnen während der Fahrt zwischen die Fußpedale schlüpft, ist einfach zu groß.

könnte der Weg nach draußen verlocken, hindurch- oder hineinzuspringen, was schon oft zu schlimmen Verletzungen geführt hat, oftmals sogar mit Todesfolge, wenn die Tiere darin steckenbleiben. Wer ein Zimmer lüften will, wenn eine Katze im Haus ist, kann im Zoohandel einen Einsatz erstehen, der das gefährliche Dreieck der Fensteröffnung verschließt.

Zubehör

Wenn Sie eine nervenstarke und sogar reiselustige Katze haben, sollten Sie sie an Halsband und Leinchen gewöhnen. So

Dieser Grautiger findet seinen Korb gemütlich

6. Der Einzug

Transportkörbe gibt es in den verschiedensten Ausführungen: Bei den schönen runden aus Korbgeflecht müssen Sie darauf achten, daß sie ausbruchssicher und gut verschließbar sind. Kontrollieren Sie genau den Verschluß. Die Alternative aus Plastik ist zwar nicht so hübsch, aber leichter zu reinigen und daher vielleicht gerade für längere Fahrten besser geeignet. Katzenexperten halten die Kunstoffboxen aber nicht nur für hygienischer, sondern auch für sicherer.

Egal, wofür Sie sich entscheiden, auf jeden Fall sollten Sie eine gemütliche Decke oder ein Kissen hineinlegen, und bei einer längeren Tour vielleicht noch etwas zum Spielen und ein Kleidungsstück, das nach Ihnen riecht und beruhigend wirkt.

Gerade Katzenkörbe kann man gut aus zweiter Hand kaufen. Ich habe einmal mit einer Frau telefoniert, die einen wunderschönen, nagelneuen Korb nach nur einmaliger Benutzung in der Zeitung inseriert hatte. Was war passiert? – Nach ihrem ersten Tierarztbesuch mit Impfspritze hatte sich ihre getigerte Kratzbürste strikt geweigert, das verhaßte Transportutensil auch nur noch einmal zu betreten!

Ich bezweifle, daß sich eine Katze ihren Schlafplatz zuweisen läßt. Sie können ja an die Stellen, die sie sich aussucht, eine Decke oder ein Kissen legen. Es gibt auch Katzenschlafkörbchen oder Plüschhöhlen zu kaufen. Mit Sicherheit fühlt sich eine Katze in einem teuren Teil aus der Zoohandlung auch nicht wohler als in einem ausgedienten Wäschekorb oder Pappkarton mit weicher Innenausstattung. Meine Katzen schwärmen für frisch gewaschene Handtücher, die auf der Heizung trocknen sollen, und schlafen am liebsten im Puppenwagen oder Einkaufskorb, obwohl ihnen das natürlich keineswegs gestattet wurde.

Als Eß- und Trinknäpfe können Sie genausogut kleine Schüsseln aus Plastik, Metall oder Keramik nehmen, die Sie entweder sowieso schon besitzen oder günstig in der Haushaltswarenabteilung oder im Supermarkt kaufen können. Obwohl man Katzen ja immer große Sauberkeit nachsagt, würde ich die Eß- und Trinknäpfe an einer Stelle mit Fliesen plazieren. Das gilt natürlich auch für das Katzenklo, das am besten in der Toilette oder im Badezimmer aufgehoben ist. Ich hatte als Katzenklo das Unterteil eines alten Vogelkäfigs genommen. Eigentlich eignet sich fast jede flache, eckige Plastikwanne, wenn Sie kein Katzenklo kaufen möchten, was sich ja vor allem dann nicht lohnt, wenn die Katze nach der Eingewöhnung ein Freigänger werden soll und das Klo dann überflüssig ist. Es gibt wohl aber auch Stubentiger, die, vielleicht aus Gründen der Diskretion, ein überdachtes Katzenklo wünschen.

Andererseits kann es auch wieder gerade an dieser Überdachung liegen, daß eine Katze ihr Klo meidet. Dann nehmen Sie das Oberteil einfach wieder ab, verdrehen die Augen und seufzen tief. Und bitte vergessen Sie auch das Katzenstreu nicht, das hineinkommt. Das Katzenstreu sollte

6. Der Einzug

Paquita schläft gerne in der Nähe von Telefon und Fax

täglich gewechselt werden, da es den Katzen sehr unangenehm ist, ein schmutziges Klo zu benutzen. Ist es nicht sauber, kann das Geschäft schon mal daneben gehen, oder bei häufigerem Vorkommen wird die Katze unsauber.

Katzen, die nicht nach draußen kommen, brauchen außer der Katzentoilette noch einen Kratzbaum und Katzengras. Das heißt, die Katzen brauchen ihn eigentlich nicht. Die sind da ausnahmsweise nicht wählerisch und können auch Ihre Möbel zum Krallenschärfen benutzen: Sofas, Sessel, Korbmöbel oder schöne Holzverkleidungen werden genauso gern genommen wie Teppiche und edle Tapeten. Auch große Zimmerpflanzen können einen Kratzbaum prima ersetzen. Die Frage ist also mehr, ob Ihnen, liebe Katzenbesitzer, diese Lösung recht ist. Wenn nicht, würde ich dringend zu einem Kratzbaum raten oder zumindest zu einer dicken Sisalmatte (kann sogar ein Fußabtreter sein), die man an einer geeigneten Stelle an die Wand nagelt.

In einer „Zeit für Tiere"-Folge haben wir einmal gezeigt, daß man auch einen Kratzbaum prima selbermachen kann. Aber all diese Maßnahmen garantieren natürlich nicht, daß Matte oder künstlicher Baum später auch benutzt werden und nicht doch der grüne Ohrensessel mit dem schönen Samtbezug oder die echten Biedermeierstühle mit dem gestreiften

6. Der Einzug

Stoffsitz. Es gibt verschiedene Tricks, mit denen man einen Kratzbaum verführerischer machen kann, zum Beispiel, indem man ihn mit Lebertran oder Wurst einreibt. Es wird schon irgendwie klappen. Und wenn nicht, dann kann es schon ein Fortschritt sein, wenn Sie sich mit Ihrer Katze auf ein Möbelstück einigen, das sie ruinieren darf, wenn sie verspricht, von allen anderen die Krallen zu lassen.

In Tierheimen beobachte ich immer wieder, daß auch die Höhlen, die meistens gleich mit den Kratzbäumen kombiniert angeboten werden, bei den Katzen beliebt sind und daß sie sich gerne hineinlegen. Mancher (Luxus)Kratzbaum reicht vom Fußboden bis zur Decke und kann dort direkt befestigt werden. Auch danach würde ich einmal die Zeitungsinserate durchgucken.

An vielem sogenannten Zubehör hat weniger Ihr Tier Freude als vielmehr der Zoohandel, weil er daran verdient. Sparen Sie lieber an solchem Schnickschnack als an Futter, Tierarztbesuchen, Medikamenten oder guten Flohmitteln, wenn sie nötig sind.

Körperpflege

Langhaarkatzen muß man täglich bürsten, sonst ist das Fell ganz schnell verfilzt. Und dann hilft es oft nur noch, die ganze Katze in Narkose zu scheren. Auch Kurzhaarkatzen tut regelmäßige Fellpflege, vor allem im Haarwechsel, gut.

Alte oder kranke Katzen müssen sogar gebürstet werden. Wenn die Katze sich putzt, kann es durch das Abschlucken von Haaren zu Haarbällchen im Magen-Darmtrakt kommen, die im günstigen Fall erbrochen oder mit dem Kot ausgeschieden werden, im ungünstigen Fall aber zu Verstopfung und Darmlähmung führen. Besonders bei alten Katzen, die sowieso zu Darmträgheit neigen.

Für die Verdauung ist es wichtig, daß Katzen immer Gras zur Verfügung haben. Für reine Wohnungskatzen gibt es in Zoogeschäften käufliches Gras – man kann es natürlich auch von draußen mitbringen, es sollte nur sicher sein, daß es keine chemischen Spritzmittel abbekommen hat.

Wie bei den Hunden gilt auch bei Katzen, bei der Vermittlung zu fragen, ob das Tier Flöhe hat und Sie es entsprechend behandeln müssen. Bei Freigängern und Mäusejägern müssen Sie leider ständig auf Flohbefall gefaßt sein und das Fell regelmäßig auf entsprechende Spuren hin untersuchen. Auch Ohrmilben können bei Katzen häufig auftreten. Das kann selbst in einem sehr sauberen Tierheim der Fall sein. Wichtig ist nur, daß man es bemerkt und bekämpft und nicht einfach auf sich beruhen läßt.

Der Verdacht auf Ohrmilben liegt nahe, wenn die Ohren trotz häufigen Säuberns immer wieder stark verschmutzt sind. Manchmal ist sogar nur ein Ohr befallen. Mitunter riecht das Tier dann auch aus dem Ohr. Ohrmilben lassen sich schnell

6. Der Einzug

Emil und Anton wissen das bequeme Puppenbett zu schätzen

und leicht bekämpfen, indem man je nach Befall entweder täglich oder jeden zweiten Tag die Ohren mit einem Wattestäbchen putzt und danach ein spezielles Mittel in den Gehörgang drückt, das Sie beim Tierarzt bekommen. Allerdings darf an den Ohren nur der außen sichtbare Teil gesäubert werden. Wenn man mit dem Wattestäbchen in den Gehörgang eingeht, besteht Gefahr, daß man das Sekret und den Schmutz in die Tiefe drückt. Dort können sich dann feste Pfropfen festsetzen.

Doch ähnlich wie beim Zeckenentfernen, bei der Wurmkur und bei der Flohbekämpfung macht sich auch bei der Ohrenbehandlung wieder ein ganz großes Problem bemerkbar: Eine scheue und ängstliche Katze wird das schlichtweg nicht mit sich machen lassen. Beraten Sie sich dann mit den Katzenpflegern des Tierheims, aus dem Ihre Katze stammt, oder fragen Sie Ihren Tierarzt um Rat. – Beim scheuen Anton haben wir die Narkose bei der Kastration sofort ausgenutzt, um ihn einmal so richtig zu untersuchen und auch gleich die Ohren sauberzumachen.

Mit einem Antiparasitikum zur Injektion kann man bei Wildkatzen in Narkose, zusätzlich zur örtlichen Reinigung, die Ohrmilben bekämpfen. Auf die Flohbekämpfung möchte ich hier nicht näher eingehen, denn das ist ein kompliziertes

6. Der Einzug

Thema, das den Rahmen dieses Buches sprengen würde. Flohbefall sollten Sie aber keinesfalls auf die leichte Schulter nehmen, nicht zuletzt, weil sich die Flöhe nicht nur auf dem Tier, sondern auch in rasantem Tempo in dessen Umgebung, also Ihrer Wohnung, ausbreiten. Außerdem kann (langfristiger) Flohbefall Allergien, Ekzeme und eine Bandwurminfektion nach sich ziehen. Sprechen Sie die erforderlichen Maßnahmen am besten mit Ihrem Tierarzt ab oder schlagen Sie in entsprechenden Fachbüchern nach.

3. Kleintiere und Vögel

Darauf, was diese Tiere brauchen, bin ich ja bereits ausführlich eingegangen. Hier möchte ich nur noch erwähnen, was Sie alles besorgt haben sollten, bevor Sie Ihr neues Tier zu sich holen. Sie brauchen einen möglichst riesengroßen Käfig und/oder eine Voliere bzw. ein Freilaufgehege für den Garten. Volieren müssen nicht nur immer im Freien stehen. Es gibt auch herrliche Zimmervolieren. Das ist alles nur eine Platzfrage. Die Kosten können – genau wie beim Kaninchenfreilaufgehege – gering gehalten werden, wenn man handwerklich begabt ist und selber mit anpackt.

Beispiel Streifenhörnchen

Wir haben in „Zeit für Tiere" einmal eine selbstgebastelte Streifenhörnchen-Voliere gezeigt, deren Rück- und Seitenteile aus einem großen Schrank bestanden: Das

Kakadu im Tierheim

Autorenehepaar Ute und Jürgen Schimmelpfennig hält sich zwei Streifenhörnchen-Männchen, die von Anfang an zusammen waren und viel Freilauf in der ganzen Wohnung genießen durften. So gab es kaum Streit zwischen den Brüdern. Aber einer der beiden Brüder machte seinen Besitzern durch stereotype Rundläufe in seinem Käfig Sorgen.

Nachdem Schimmelpfennigs zwei „Zeit für Tiere"-Filme über Streifenhörnchen gedreht und zu diesem Zweck extra deren wildlebende Verwandte im Grand Canyon in Arizona besucht und deren Alltag in der freien Natur beobachtet hatten, stand fest, daß der „Original-Streifenhörnchen-Käfig" aus dem Zoohandel höchstens als

6. Der Einzug

Wellensittiche sollen niemals als Einzeltiere gehalten werden

Transportmittel taugt und auf den Dachboden gehört. Statt dessen mußte eine möglichst artgerechte Zimmervoliere gebaut werden!

Nur damit Sie einen Eindruck haben, was es bedeutet, wenn man es einigermaßen richtig machen möchte, will ich Ihnen das Endprodukt kurz beschreiben: Das Gehege wurde in eine raumteilende Schrankwand integriert und enthält ein unterirdisches Wohngeschoß. Darin befinden sich Kotkammer und Schlafbereich, die durch einen Vorhang verborgen werden. Denn Schimmelpfennigs hatten den Eindruck gewonnen, daß auch Streifenhörnchen sich zurückziehen und im Schlafzimmer unbeobachtet sein

möchten. Eine steckbare Rohrkonstruktion sorgt für die Hygiene und regelt Klima und Lüftung.

Im oberen Teil der Voliere bilden Rankenpflanzen ein natürliches Blätterdach und verdecken die Käfiggitter. Die beiden Streifenhörnchen nahmen alles sofort mit Begeisterung an, verbesserten das ein oder andere, polsterten aus und begannen, Nahrungsvorräte für schlechte Zeiten anzulegen. Stereotype Verhaltensweisen und Bewegungen aus den Zeiten des alten, engen Käfigs verschwanden schnell. Aber trotz der luxuriösen Nager-Wohnanlage genießen die Tiere nach wie vor zwei Stunden täglich Freigang im ganzen Menschen-Wohnbereich!

6. Der Einzug

Zubehör und (Transport-)Käfige

Vielleicht haben Sie schon bemerkt, daß ich nicht nur bei den Tieren für die „aus zweiter Hand" plädiere, sondern auch bei etlichem Zubehör. Das schont nämlich auch die Müllberge und vor allem bei den vielen Kunststoffteilen gleichzeitig die Umwelt – und Ihr Portemonnaie. Bei Hamster-, Kaninchen-, Meerschweinchen- oder Vogelkäfigen sollten Sie sich wirklich unbedingt zuerst einmal auf dem nächsten Flohmarkt umschauen. Man bekommt sie dort regelrecht hinterhergeschmissen. Aber bitte auf jeden Fall vor Gebrauch erst gründlich desinfizieren! Oft sind die Bauer zu klein, aber dann haben Sie wenigstens einen günstigen Transportkäfig. Auf Dauer und zu Hause sind sowieso Voliere und Auslaufgehege geeigneter.

Weil viele Leute, die kein solches Tier mehr haben, ihre Käfige dem ortsansässigen Tierheim vermachen, stapeln sie sich dort. Und wenn die Tiere dort in Freigehege oder Voliere leben dürfen, brauchen die Tierschutzvereine höchstens für Transporte oder Quarantäneaufenthalte ein paar solcher Bauer. Vielleicht können Sie also auch dem Tierheim einen geeigneten Käfig abkaufen. Da haben dann beide Seiten etwas davon.

Je nach Tierart brauchen Sie noch das passende Einstreu, das richtige Futter und ein paar Spielsachen. Übrigens: Der berühmte Spiegel hat im Wellensittichkäfig nichts zu suchen. Tierärzte und Verhaltensforscher haben inzwischen herausgefunden, daß er die Tiere krank machen kann. Denn sie sehen darin einen Partner, den sie füttern möchten. Dazu würgen sie Futter im Kehlkopf hoch, das ihnen aber natürlich keiner abnimmt, so daß es in der Kehle verbleibt und dort schlimme Entzündungen hervorrufen kann.

Ein Hamster dagegen braucht – genau wie die Streifenhörnchen – etwas zum Buddeln. Und wenn er das in seinem Gehege kann und auch genügend Platz und Auslauf hat, kann sogar das Laufrad überflüssig werden.

Außerdem müssen Nager immer etwas zum Knabbern haben. Darunter sollte auch immer etwas frisches Gemüse und (ungespritzter!) Salat sein. Sie brauchen einen Futter- und einen Trinknapf, oder, was praktischer und hygienischer ist, sogenannte Trinkautomaten; das sind längliche Behälter, die man an die Gitterstangen klemmen kann und an denen die Tiere nach Bedarf trinken können – und essen, weil die Körner ständig nachrutschen.

Auf Käfig- oder Volierengrößen sowie artgerechtes Futter und Methoden der Vergesellschaftung bei Papageienvögeln möchte ich an dieser Stelle nicht genau eingehen. Informationsmaterial sowie das Buch „Grundfragen der Papageienhaltung" können beim IPF, Dinslaken, direkt bezogen werden.[24]

7. Die Filme – Das Happy-End

Diese beiden haben sich bereits von Welpenbeinen an kennen- und lieben gelernt

TIERE FANDEN EIN NEUES ZUHAUSE

Seit einigen Jahren realisiert Stardust Produktionen pro Sendung zwei Einspielfilme, die Beispiele für gelungene Vermittlungen zeigen. Diese Kurzfilme sind sozusagen die Highlights unserer Sendung und entstanden nicht zuletzt auch deshalb, weil unsere Zuschauer so oft nach der Vermittlung der Tiere fragen. Aus Zeitgründen, also aus Sendezeitgründen, können wir natürlich nicht den weiteren Werdegang aller unserer Teilnehmer erzählen.

Übrigens sind diese kurzen Einspieler, die mehrere Monate nach der Vermittlung

7. Die Filme – Das Happy-End

Frettchen Arthur, lieb und handzahm vom TSV Mechernich

Kater Monty vom Franziskushof mit seiner Lieblingsente

gedreht werden, ganz schön aufwendig. Zwei Tage sind Monika Siebert und ihr Kamerateam zum Drehen unterwegs. Dann kommen noch der Schnitt und die Tonmischung. Besonderer Wert wird dabei auf die passende Musik gelegt: etwas Flottes für Frettchen Arthur aus dem Tierheim Mechernich (43 Anrufe!), das jetzt in Bergisch-Gladbach eine Familie auf Trab hält, etwas Klassik für Schnauzermix Seves in seinem belgischen Schloß, orientalische Klänge für Kater Sahneprinz aus dem Tierheim Bonn, etwas Geruhsames für Kater Monte Christo vom Franziskushof in Kalletal, nichts Geringeres als den Radetzky-Marsch für Hausschwein Gustav, das ursprünglich einmal als Glücksferkel zu einer Hochzeit verschenkt worden war und schon einen Tag später im Tierheim Köln-Dellbrück landete ...

Meistens ahnen die Zuschauer nicht, wieviel Arbeit und Aufwand in so ein paar wenigen Minuten stecken. Das ist generell beim Fernsehen so. Aber mit Tieren, noch

Kater Monty mit neuen Besitzern

dazu mit undressierten, Filmaufnahmen zu machen, ist wirklich ein Glücksspiel. Vor allem scheue Katzen werden natürlich einen Teufel tun und gerade dann unter dem Sofa hervorkommen, wenn wildfremde Menschen mit merkwürdigen Geräten die Wohnung belagern! Und temperamentvolle Hunde rennen immer nur durchs Bild, halten keinen Moment still und drehen genau dann den Kopf weg, wenn es endlich mit der Staraufnahme geklappt hätte. Ähnliche Erfahrungen machen natürlich auch unsere Studiokameraleute bei unseren Aufzeichnungen!

7. Die Filme – Das Happy-End

Sahneprinz

Timo

Also nur mit viel Geduld und sensiblen Kamera- und Tonkollegen gelingt es immer wieder, die herrlichsten Beiträge zu realisieren. Und wie sehr Sie, liebe Zuschauer, diese Filme mögen, beweisen uns immer wieder Ihre vielen begeisterten Zuschriften!

In den Filmbeiträgen steckt also nicht nur Liebe zum Detail, sondern auch die Liebe und Begeisterung der neuen Besitzer für ihre Tiere ist zu spüren, wenn die „Dosenöffner" über ihre neuen Familienmitglieder sprechen. Ein paar tolle Happy-Ends habe ich ja bereits erwähnt. Weil sie aber das sind, was die Leute immer besonders an „Tiere suchen ein Zuhause" interessiert, und weil sie überhaupt das allerwichtigste an unserer Sendung sind – hier noch ein paar Beispiele:

1. Timo, der Herzensbrecher

„Und ich schaltete ein, und es war sofort Timo, den ich sah. Vielleicht lief die Sendung schon, ich weiß es nicht. Und ich wußte sofort: Das ist er. Da ja meine Lady sechs Wochen vorher verstorben war, und ich wollte nun unbedingt wieder einen haben. Aber ich wollte einen Hund, den ich wirklich liebhabe. Und ich sah Timo, und es war Liebe auf den ersten Blick! Er kam zu mir hinein, und ich sagte: 'Das ist mein Timo!' Und das Schwänzchen ging. – Wir haben uns gesucht und gefunden."

Während Frauchen das erzählt, hat es sich der schwarze Münsterländer-Mischling (ich fand ja, daß er eher wie ein Cockermischling aussieht ...) auf ihrem Schoß gemütlich gemacht. Und ich bin seiner neuen Besitzerin schon deshalb besonders zu Dank verpflichtet, weil sie mich vielleicht davor bewahrt hat, zum

7. Die Filme – Das Happy-End

erstenmal bei „Tiere suchen ein Zuhause" schwach zu werden: Timo war nämlich ein Fall, bei dem ich nach der Sendung verkündet hatte: „Also, wenn der nicht weggeht, sagt mir Bescheid. Den nehme dann ich."

Trotz seiner Schüchternheit hatte es Timo ausgesprochen geschickt verstanden, sich für immer in mein Gedächtnis einzuprägen. Erst trat er ganz scheu und ängstlich mit Doris Broosche vom Tierheim Bergheim-Erft auf, um sich dann plötzlich auf meinen Schoß zu setzen und keinerlei Anstalten zu machen, diesen sowie das Studio generell wieder zu verlassen. Nun sitzt er auf einem anderen Schoß, ist sichtlich zufrieden und hat darüber hinaus eine sehr liebenswürdige, ältere Dame glücklich gemacht. Und ich bin doppelt erleichtert über dieses Happy-End!

2. „Immer den Ältesten!"

Neben der Freude über ein glücklich vermitteltes Tierheimtier begeistern mich dabei auch immer wieder die Aussagen ihrer neuen Besitzer. Sie werden, wenn Sie öfters zuschauen, schon bemerkt haben, daß so gut wie nie ein Sprechertext über den Bildern liegt, sondern die Betroffenen selbst zu Wort kommen. Und was diese erzählen, ist oft beeindruckkend.

Da war zum Beispiel die junge Lehrerin, die erzählte, daß sie immer den ältesten Hund aus einem Tierheim nimmt. So entschied sie sich auch für einen alten Hund aus unserer Sendung. Er wurde Zweithund. Der momentane Ersthund war auch so einer, den sie als Ober-Senior aus einem Tierheim geholt hatte, um ihm noch ein paar schöne Jahre zu schenken. Da gehört schon etwas dazu! Denn alle zwei bis vier Jahre stirbt dann natürlich so ein Tier.

Alle paar Jahre Abschied, Trauer und Schmerz. Das nimmt dieses Ehepaar auf sich, um den alten Tierheimtieren, den oft unvermittelbaren Fällen, eine letzte – und eine äußerst schöne und lebenswerte – Chance zu geben. Und wenn ein Hund stirbt, darf der nächste Oldie seinen Platz einnehmen. Dann gehen die Eheleute wieder ins Tierheim und fragen: „Welcher ist Ihr Ältester? Welcher hat die geringsten Vermittlungschancen?"

3. Drei Beine – drei Katzen

Da war der dreibeinige, schwarzweiße Kater Claudius vom Katzenschutzbund Köln, der nun einer von drei Stubentigern bei einer netten jungen Frau ist. Die Tierfreundin hatte sich zunächst eine Katze aus dem Velberter Tierheim geholt. Dann dachte sie: „Ach, die ist so einsam, wenn ich nicht zu Hause bin", und schenkte ihr zu Weihnachten einen – natürlich kastrierten – Kater.

Dann sah sie zufällig Claudius in der Sendung, der durch einen Unfall ein Bein

7. Die Filme – Das Happy-End

Hanni & Nanni mit Familie und Fernsehteam

Der scharfe Rex

verloren hatte, und „dann war mir klar, daß ich drei Katzen haben würde. Und dann gab's einen Tag lang ziemliches Gefauche und Geknurre hier, weil es die anderen beiden zunächst für nicht so notwendig hielten, daß noch ein Dritter kommt, aber einen Tag später fanden sie es dann doch ganz gut."

4. Schwarzer Westhighland-Terrier-Doppel-Ersatz

Da waren die beiden Geschwister, die sich sehnlichst einen kleinen Westhighland-Terrier wünschten. Ihre Eltern hatten sie darauf aufmerksam gemacht, wie teuer so ein Rassetier vom Züchter ist. Die Kinder ließen sich davon nicht abschrecken. Hartnäckig und zielbewußt sparten sie von da an eisern jeden Pfennig, monatelang, für „ihren" kleinen, weißen Westie. Und dann, als sie das Geld schon fast beisammen, aber glücklicherweise ihren Traumhund noch nicht gekauft hatten, sahen sie „Tiere suchen ein Zuhause".

Wieder waren sich die Kinder einig: Jetzt wollten Martin und seine Schwester lieber Hanni & Nanni, Mutter und Tochter, zehn und zwei Jahre alt, die beiden ausgesetzten, rabenschwarzen, kinderlieben Scotch-Terrier-Pudelmischlinge aus dem Tierheim Troisdorf, die außer der Größe, ehrlich gesagt, wenig Ähnlichkeiten mit einem weißen Westie-Welpen hatten. – Tolle Kinder, aber auch tolle Eltern, die ja nun immerhin zwei Hunde aufnehmen mußten. Aber wie sagte die Mutter so schön in Monika Sieberts Film: „Der alte Hund ist wie meine Tochter, der kleine Hund wie mein Sohn. Irgendwie passen wir alle gut zusammen."

5. Problemhund Rex

Und da war der Schäferhund Rex, der nur ein Auge hatte und eine mittelschwere Hüftgelenksdysplasie, eine immerhin unheilbare Erbkrankheit, die das am stärksten beanspruchte Gelenk des Hundes betrifft: die Hüfte.

7. Die Filme – Das Happy-End

Er war übrigens bisher der einzige Hund, vor dem ich auf einmal Angst hatte. Ich glaube im nachhinein, daß dies hauptsächlich an seiner Einäugigkeit lag. Ich bilde mir zumindest immer ein, den Charakter eines Hundes außer an der Körperhaltung und -sprache vor allem an den Augen zu erkennen, an der Art, wie er mich anschaut. Bei Rex guckte mich nur ein Auge an, und das signalisierte mir jedenfalls keine Freundschaft.[25]

Ich sprach die Tierschützer an und gestand, daß ich etwas Angst in mir aufsteigen spürte, das täte mir zwar leid und war mir auch etwas peinlich, aber es war nun einmal so. – „Wenn es so ist", antwortete mir Rosemarie Schütz vom belgischen Tierschutzverein Eupen ernst, „dann weiß er das jetzt. Er merkt nämlich alles sofort. Und dann geht er vielleicht auf Sie los. Fassen Sie ihn also besser nicht an." Das ließ ich mir nicht zweimal sagen. Aber später, bei der Vorstellung während der Aufzeichnung, hatte ich dann merkwürdigerweise doch kaum noch Angst vor ihm.

Für uns war Problemhund Rex das Sorgenkind der Sendung. In so gut wie jeder Folge gibt es ein Tier, bei dem wir selbst kaum an eine Vermittlung glauben. Da lese ich dann immer mit Herzklopfen den Vermittlungsbericht von Stardust Produktionen zwei, drei Wochen nach der Sendung und bin gespannt, ob es geklappt hat oder nicht. Rex war ein Extremfall: Schäferhund, einäugig, etwas schwierig, scharf und HD-krank. „Für ihn ist die Sendung heute seine letzte Chance," bemerkte Rosemarie Schütz realistisch, „denn im Tierheim wird sein Zustand immer schlimmer!"

Das Wunder geschah! Die neue Besitzerin erzählt: „Ich sehe die Sendung eigentlich schon sehr lange. Und als er ins Studio kam, war das für mich eben Liebe auf den ersten Blick. Ich bin auch sofort am nächsten Tag hingefahren und habe ihn geholt. Wir haben uns von der ersten Sekunde an verstanden." Mit dem bereits vorhandenen Artgenossen sowie neun Pferden hat es ein wenig länger gedauert, aber schließlich auch geklappt. „Der scharfe Rex", wie Monika Siebert ihn in ihrem Einspielfilm nannte, beschützt seine neuen Frauchen (Mutter und Tochter) samt belgischem Pferdehof mit Argusaugen, besser gesagt: mit einem Argusauge, denn das reicht ihm als Wachhund.

Und es geschah noch ein zweites Wunder: Rex' neue Besitzerinnen verstehen nicht nur viel von Hundeverhalten und konnten seine Dominanzambitionen schnell in den Griff bekommen, sie stellten sich auch als wahre Wunderheilerinnen heraus, die mit verschiedenen Mitteln und Medikamenten für den Knochen- und Sehnenaufbau seine HD-Beschwerden offensichtlich schon in kurzer Zeit immens lindern konnten. Denn Rex springt und tollt herum und muß wider Erwarten wohl nicht einmal operiert werden.

Nach diesem Einspielfilm erreichten uns unzählige Briefe von Besitzern HD-kranker Hunde, meist Schäferhunde, die

7. Die Filme – Das Happy-End

Nur weil eine Vermittlung mitunter nicht gleich auf Anhieb klappt, kann so ein Hund doch nicht im Tierheim versauern!

alle das homöopathische Mittel wissen wollten, das so geholfen hat. Die Beantwortung solcher Briefe ist problematisch, so wie überhaupt alle veterinärmedizinischen Anfragen kaum zu beantworten sind. Nicht nur, daß es im Team von „Tiere suchen ein Zuhause" keine Tierärzte gibt, es wäre selbst für einen Veterinär unmöglich, eine hilfreiche und vor allem zuverlässige Ferndiagnose zu stellen. Und kein Fall ist wie der andere, vor allem bei HD und gerade bei der Behandlung mit homöopathischen Medikamenten. Was bei dem einen hilft, hilft dem anderen eventuell überhaupt nicht![26]

6. Zwei ungleiche Paare

Das war eine ungewöhnliche Premiere: Die Katzenhilfe Kreis Olpe präsentierte uns Hund und Katz', die gemeinsam ein neues Zuhause finden sollten. Denn der knapp zweijährige Schäferhundmischling Ben und der einjährige, weiß-graue Kater Räuber hatten bereits in ihrer früheren Familie ein unzertrennliches Paar gebildet. Sie spielten und tobten zusammen. Manchmal „ritt" der kleine Kater sogar regelrecht auf seinem großen Freund. Leider haben die beiden das im Studio nicht vorgeführt.

7. Die Filme – Das Happy-End

Trotzdem – natürlich – konnten die beiden sofort eine neue Familie finden und landeten glücklich bei einem Ehepaar mit zwei erwachsenen Kindern in Witten, wo sie Haus und Garten unsicher machen durften.

Ich muß hier leider „durften" und nicht „dürfen" schreiben, denn der Kater ist inzwischen gestorben! Der Kleine hatte Leukose, eine der bereits beschriebenen Katzenviruskrankheiten. Das war nicht nur für die neuen Besitzer sehr traurig, sondern natürlich vor allem für Ben. Deshalb haben seine Menschen gleich zwei neue kleine Kätzchen aufgenommen. Bisher können die beiden den frechen Räuber aber nicht ersetzen, weil sie leider noch nicht ganz zahm sind. Doch die Familie gibt die Hoffnung nicht auf, aus den drei Vierbeinern schließlich ein neues Hunde-Katzen-Team zu machen ...

Hund und Katze als Paar gemeinsam zu vermitteln, finde ich eigentlich ideal: Tierfreunde, die sowohl mit Samtpfote(n) als auch mit Hund(en) zusammenleben möchten, müssen ihre Tiere erst gar nicht aneinander gewöhnen, was ja auch nicht immer ganz einfach ist, sondern kriegen das gemischte Doppel gleich fix und fertig und verträglich frei Haus!

Das konnten wir Ihnen auch in der ersten Sendung des Jahres 96 bieten: Oskar und Hope wurden von „Stimme der Tiere" Hagen vorgestellt. Übrigens: Die beiden sind es, die das Titelbild dieses Buches

Claudia Ludwig mit Oskar und Hope

zieren! Oskar ist ein herrlicher Langhaar-Schäferhundrüde, 15 Monate alt, hat aber von Geburt an einen Herzfehler, so daß er sich nicht überanstrengen darf. Außerdem leidet er unter einer Futterallergie, was spezielles Futter und tägliche Medikamente notwendig macht.

Hope ist sozusagen Oskars „samtpfötiger Augenstern". Das einäugige, schwarze Kätzchen war bei seinem Fernsehauftritt gerade erst 14 Wochen alt! Das war in der Tat ein rührendes Bild: der große, stolze Schäferhund und das kleine Katzenkind. Sie ließen sich im Studio kaum aus den Augen und waren wirklich ganz offensichtlich aufeinander fixiert.

Jung wie sie sind, spielen beide natürlich sehr gerne miteinander, mögen aber auch andere Hunde und Katzen. – Kein Wunder, daß (trotz Einäugigkeit, Allergie und Herzfehler) ca. 140 Anrufe für Hope und Oskar eingingen. Heute wohnen die beiden in Jülich bei einem kinderlosen Ehepaar mit Haus und Garten.

8. Die Sondersendungen

TIERE FINDEN EIN ZUHAUSE IM ZWEITEN ANLAUF

Zweimal im Jahr machen wir eine Sondersendung, in der alle die Pechvögel, die entweder bei der ersten Vorstellung kein Zuhause finden konnten oder die aus irgendeinem Grund wieder zurückgebracht wurden, noch einmal vorgestellt wurden. Erfreulicherweise sind das nicht viele. Als wir zwölf Sendungen im Jahr hatten, waren es im Durchschnitt etwa zwanzig Tiere, die nicht vermittelt werden konnten oder eben wieder zurückkamen.[27] Der Anteil der Zurückgegebenen ist sehr gering. Das sind durchschnittlich zwei, drei Tiere im Jahr. Selten liegt es an den Tieren. Mitunter sind es einfach unglückliche Umstände, wenn beispielsweise der neue Besitzer stirbt, wenn ein Familienmitglied eine Allergie gegen das Tier entwickelt oder wenn der Neuzugang vom bereits vorhandenen Haustier, das die älteren Rechte hat, nicht akzeptiert wird.

Mit der Idee zu unserer ersten Sondersendung dieser Art vor fast vier Jahren haben wir aus der Not eine Tugend gemacht. Ich war schwanger, und es war klar, daß ich für eine Sendung ausfallen würde. Warum also nicht einmal vorproduzieren und unseren Zuschauern noch einmal alle Übriggebliebenen des vergangenen Jahres in der ersten Sendung des neuen Jahres ans Herz legen? Nur weil es beim erstenmal nicht gleich geklappt hat, kann doch so ein Vierbeiner nicht ewig im Tierheim sitzen bleiben. Das macht schon deshalb Sinn, weil es erstaunlicherweise oft gar nicht die problematischen Kandidaten sind, die übrigbleiben. Manchmal waren es gerade eine Katze oder ein Hund, die oder den wir für den Renner der Sendung hielten. Ein gutes Beispiel ist die zierliche, fuchsfarbene Windhund-Mischlingsdame Silke, jung, hübsch und absolut problemlos, verträgt sich mit allen und jedem. Kein Anruf. – Für Silkes zweite Chance in der Sondersendung formulierte ich daher den folgenden Text: „Wahrscheinlich war Ihnen die aparte, vierjährige Silke mit ihrem ruhigen und sanften Wesen einfach zu problemlos ... Vor ihrer Tierheimzeit lebte sie in einem dunklen Stall an einer kurzen Kette. Bisher hat sie also noch kein schönes Leben gehabt ..." – Nun, mehrere hundert Anrufe nach der Sendung haben dafür gesorgt, daß das jetzt vollkommen anders ist.

Ich habe ja bereits erwähnt, daß wir vom „Tiere suchen ein Zuhause"-Team in jeder Sendung mindestens einen herzensbrecherischen Favoriten haben, der uns dazu bringt, einmal ganz kurz zu überlegen, ob es nicht vielleicht doch ginge, einen zweiten Hund oder eine dritte oder vierte Katze oder vielleicht noch ein Kaninchenpärchen zu Hause aufzunehmen. Be-

8. Die Sondersendungen

Brösel ist ein begeisterter Cabrio-Beifahrer

stimmt zweimal ist es vorgekommen, daß genau der, der mich ins Grübeln brachte, ein absoluter Traumhund, am Ende nicht vermittelt wurde – was mich dann natürlich nur noch mehr in Konflikte bringt. Basta, ein schwarzer Doggenmischling vom Tierschutzverein Meinerzhagen und der wunderschöne, große Schäferhundmischling Brösel von der Bielefelder Tier-Lobby waren solche Fälle. Selbstverständlich sind beide dann nach der Sondersendung hervorragend unter die Haube gekommen: Aus Brösel ist ein begeisterter Cabrio-Beifahrer in Herford geworden! Und Basta wohnt nun in Marienheide bei Gummersbach. Er hatte diesmal 52 Anrufe bekommen.

Manchmal müssen wir in den Sondersendungen allerdings auch echte Extremfälle wiederholen: Das unzertrennliche Pudelpärchen Gini und Blacky aus dem Bonner Tierheim wurde auch beim zweitenmal leider nicht vermittelt. Rüde Blacky war bereits zehn Jahre alt. Aber das war noch das geringste Problem. Zwei Hunde auf einmal unterzubringen, ist nie ganz einfach. Aber wenn eines der Tiere, so wie die damals vierjährige Gini, aufgrund einer Hormonstörung auch noch einen auffälligen Fellschaden und kahlen Rücken hat, eine Störung, die eher schlimmer werden wird und nur mit einem Mäntelchen verdeckt werden kann – da habe ich schon Verständnis dafür, daß sich nicht gleich jemand meldet. Wie mir eine Mitarbeiterin des Bonner Tierschutzvereines erzählt hat, sind Gini und Blacky dann schließlich doch einzeln abgegeben worden. Schade, aber eine Doppel-Vermittlung kann halt nicht immer klappen. Dafür bekam Gini aber immerhin ein Zuhause, in dem es schon zwei andere Hunde gab, mit denen sie sich sofort gut verstand.

Glücklichst ging es für den schwarzen Schnauzermischling Tempo aus. Der Fundhund hatte – sage und schreibe – sechs von sieben Lebensjahren im größten Tierheim von Nordrhein-Westfalen, in Köln-Dellbrück, verbracht! Aber bei ihm klappte es beim zweiten Versuch: Tempo lebt nun bei einem jungen Pärchen, das sich gar keinen anderen Hund mehr vorstellen kann und den langjährigen Tierheim-Insassen sogar mit in den Urlaub nimmt. Damit er sich ans Zelten gewöhnt, haben alle drei vor der Reise extra mehrere Nächte gemeinsam im Garten campiert. Also ehrlich gesagt, auf diese Idee wäre nicht einmal ich gekommen. Inzwischen sind unsere Sondersendungen zu einer festen Einrichtung geworden und als solche nicht mehr von „anderen Umständen" abhängig. Denn sie sind erfolgreich und wichtig für die Tiere. Beim zweiten Anlauf klappt es nämlich fast immer!

9. Das Team

Fernsehen ist Teamarbeit. An „Tiere suchen ein Zuhause" sind eine Menge Mitarbeiter beteiligt: Produktionsleiter, Regie, Aufnahmeleiter, Bildmischerin, Kameraleute, Tontechniker, Maz-Techniker, Szenenbildnerin, Requisiteure, Maskenbildnerin, nicht zuletzt unsere Redaktionssekretärin und, und, und, ...

Ihnen allen ist es zu verdanken, daß wir alle 14 Tage eine solch erfolgreiche Sendung auf die Pfoten stellen.

Mit der Vorbereitung und der Recherche zu „Tiere suchen ein Zuhause" ist die Kölner Produktionsfirma „Stardust Produktionen" von Monika Siebert beauftragt. Stardust Produktionen recherchiert in den Tierheimen und trifft, gemeinsam mit den Tierschützern, die Auswahl der vorzustellenden Tiere. Außerdem realisiert die Firma die Filme, die die Tiere in Ihrem neuen Zuhause zeigen. Die Redakteurin, Gina Göss, verantwortet Form und Inhalte der Sendung.

Claudia Ludwig mit Britta Albrecht, Hermann Probst-Vent, Monika Siebert und Gina Göss vom „Tiere suchen ein Zuhause"-Team

10. Die Vereine – die Gesprächspartner

Zu unserer Sendung kommen große und kleine Vereine, städtische Tierheime und private Tierhilfen. Viele Organisationen sind in Dachverbänden wie Landestierschutzbund, Deutscher Tierschutzbund, Bundesverband Tierschutz oder Bund gegen den Mißbrauch der Tiere Mitglied. So bietet „Tiere suchen ein Zuhause" nur und ausschließlich Tierschutzvereinen die Möglichkeit, über das populäre Medium Fernsehen gute Plätze für ihre Schützlinge zu finden. Natürlich fühlt sich der WDR dabei hauptsächlich für die zahlreichen nordrhein-westfälischen Organisationen zuständig. Trotzdem nehmen ab und zu auch „Grenzgänger" teil – zum Beispiel der (frühere) belgische Tierschutzverein Eupen, der ja quasi nach Aachen 'rüberspucken' kann. Tierschutz läßt sich schlecht in Grenzen halten. Eupen ist dafür ein gutes Beispiel. Die dortigen Tierschützer vermitteln nicht nur vielfach nach Deutschland. Ihnen wird auch das eine oder andere Mal ein jenseits der Grenze gefundenes Tier gebracht. Und WDR-Fernsehen wird ja – wie gesagt – schon einige Jahre lang über Kabel und Satellit auch über die Grenzen hinaus ausgestrahlt; und natürlich erreichen uns auch verzweifelte Anrufe von privaten Tierhaltern, die ihre Tiere gerne vermitteln lassen würden. Da wir kein Tierschutzverein sind, vermitteln wir keine Tiere von Privatpersonen, es geht nur über den Tierschutzverein.

WER STELLT VOR?

Wir legen keinen Wert darauf, daß immer die Vereinsvorsitzenden oder Vorstandsmitglieder die Tiere vorstellen, oder die TierheimleiterInnen. Uns ist am wichtigsten, daß der- oder diejenige die Tiere sehr gut kennt und mit ihnen umgehen kann sowie vor der Kamera und im Gespräch einen kompetenten und sympathischen Eindruck macht, also – wie wir beim Fernsehen immer so schön sagen: „gut 'rüberkommt". Das kann ein Pfleger sein oder ein einfaches Mitglied oder ein „Sympathisant" des Vereins, der allerdings mit den Tieren vertraut ist. Die vorstellende Person sollte möglichst nicht wechseln, damit die Zuschauer Personen und Gesichter mit den Vereinen in Zusammenhang bringen können. In den meisten Fällen ist dies jedoch kein Problem, denn in jedem noch so kleinen Verein gibt es redegewandte Helfer und Mitarbeiter. Besonders schön ist es, wenn die- oder derjenige auch ein paar Geschichten oder Anekdoten zu einem Tier erzählen kann. Denn unsere Sendung soll ja auch unterhaltend sein.

11. Was ich mir für den Tierschutz wünschen würde

*U*nsere Sendung und die Tiervermittlung im allgemeinen könnten noch viel effektiver sein, wenn die Tierschutzorganisationen untereinander besser zusammenarbeiten würden. Natürlich tun dies manche Vereine geradezu vorbildlich, aber leider eben nur manche.

1. VORBILDLICHE ARBEIT!

Geradezu vorbildlich ist es, wenn Vereine wie folgt arbeiten:

Sie haben während und nach der Ausstrahlung nette Leute am Telefon sitzen, die geduldig und freundlich Auskunft geben und alle Interessenten notieren, die für ein Tier in Frage kämen. Das kann viel Arbeit machen, ist aber eine Mühe, die sich lohnt. Und da natürlich nicht jeder Interessent sein Wunschtier bekommen kann, weil eben ganz einfach nur eins davon da ist, ist es wichtig, Namen und Adresse derjenigen festzuhalten, die bereit waren, einen Tierheimschützling aufzunehmen. Diese Kontakte können noch sehr wertvoll werden, denn erfahrungsgemäß sind manche unserer Zuschauer bereit, auch ein anderes, vielleicht ein ähnliches Tier zu adoptieren.

Beispielsweise stellte nach der Sendung der TSV Witten eine Liste mit allen Interessenten auf, die jeweils dem entsprechenden Tier zugeordnet waren. Einige Leute hatten sich vergebens um eine taube (!) Rottweilerin bemüht. Und da bereits in der nächsten Sendung wieder eine Hündin dieser Rasse angemeldet war, konnten gleich die übriggebliebenen Interessenten an den Verein weitergegeben werden, so daß diese weitere Rottweilerhündin schon vor der

Typischer Tierheimschützling

11. Was ich mir für den Tierschutz wünschen würde

Sendung vermittelt werden konnte und ein Platz in der Sendung für einen anderen Heiminsassen frei wurde. Aber ich möchte noch einmal betonen: Die Vermittlungsarbeit, Schutzverträge und Kontrollen müssen die Tierschützer machen. Der WDR bietet dafür nur das Forum.

Besonders engagierte Vereinsmitglieder schaffen es vor Ihrem TV-Auftritt sogar, in der örtlichen Presse Erwähnung zu finden. Dann berichtet die Lokalzeitung, daß das Tierheim der Stadt zu Gast in „Tiere suchen ein Zuhause" ist und stellt vielleicht sogar noch kurz die vierbeinigen Kandidaten vor, eine Werbung für die Tiere und deren Vermittlung, für den Verein – und schließlich auch für uns. Die Tierschutzvereine Dülmen und Lüdenscheid beispielsweise verblüfften uns durch ihre geradezu vorbildliche Öffentlichkeits- und Pressearbeit.

2. MEHR EFFEKTIVITÄT!

Es ist meiner Meinung nach ein Unding, wenn in einer Sendung ein Hund oder eine Katze eine große Anzahl guter Anrufe bekommen hat, entsprechend viele Menschen enttäuscht wurden, weil sie ihren Auserwählten nicht bekommen konnten, und zwei oder vier Wochen später taucht ein ganz ähnliches Tier in einer der nächsten Folgen auf.
Genau an diesem Punkt sollten die Tierschutzvereine besser zusammenarbeiten. Das stelle ich mir beispielsweise so vor: Von jeder Tierschutzorganisation könnte ein aufmerksames Mitglied alle zwei Wochen „Tiere suchen ein Zuhause" gucken und aufpassen, ob unter den vorgestellten Vierbeinern eines ist, dem eines im eigenen Tierheim oder auf einer Pflegestelle ähnelt. Wenn ja, dann ruft derjenige bei dem Verein aus der Sendung an und gibt die Daten seines Schützlings weiter. Das kann vor allem dann sehr sinnvoll sein, wenn die beiden Vereine weit von einander entfernt liegen und ein Interessent dadurch sogar eine näher gelegene Anlaufstelle findet.

Natürlich ist kein Tier wie das andere, und individuelle Charaktereigenschaften prägen es mehr als Rasse, Mischung, Alter und Geschlecht. Trotzdem klappt es mitunter gut, wenn zum Beispiel ein fünfjähriger Sibirian Husky vorgestellt wird und ein anderer Tierschutzverein anruft, um mitzuteilen, daß dort ein gleichaltriger Alaskan Husky sitzt oder eine dreijährige Sibirian Husky-Hündin. Und bestimmt funktioniert die Methode auch im Falle einiger rotgetigerter Kater oder dreifarbiger „Glückskatzen" und bei Rassekatzen sowieso. Und sicher auch bei Kleintieren wie Streifenhörnchen und Chinchillas oder Vögeln wie beispielsweise Nymphensittichen.

Außer bei Schäferhunden und deren Mischungen sowie einigen Katzen sollten möglichst auch nicht zwei sehr ähnliche Tiere in ein und derselben Sendung auftreten, sondern statt dessen der eine Verein dem anderen die Adressen weitergeben, die er für die eigene Vermittlung

11. Was ich mir für den Tierschutz wünschen würde

nicht benötigt, oder gleich den Anrufern die Telefonnummer der anderen Organisation nennen. Wenn viele Vereine dabei mitmachen würden, könnten auf diese Weise ohne großen Aufwand gut doppelt so viele Tierheimschützlinge ein neues Zuhause finden. Voraussetzung ist natürlich, daß die Organisationen untereinander kommunizieren und zusammenarbeiten. Und das ist leider nicht immer selbstverständlich.

3. MEHR ZUSAMMENARBEIT!

Mancher Verein arbeitet lieber alleine vor sich hin, entweder, weil unter seinen Mitgliedern noch keiner auf den Gedanken gekommen ist, mit anderen Tierschützern zusammenzuarbeiten oder weil sie sich mit den Nachbarvereinen zerstritten haben. Und damit bin ich schon wieder bei einem ganz großen Problem: Viele Tierschutzorganisationen bekämpfen einander, statt sich zu tolerieren oder gar zusammenzuarbeiten. Das fängt schon damit an, daß sogar innerhalb der Vereine mitunter Meinungsverschiedenheiten zu schlimmen Auseinandersetzungen oder gar Intrigen führen. Manchmal spaltet sich daraufhin ein Teil der Mitglieder ab und gründet einen neuen, eigenen Verein, der natürlich auf keinen Fall mit dem anderen zusammenarbeiten wird.

So spiegelt sich an der Basis eine Situation wider, die sich leider auch bei den Dachverbänden und prominenten Tierschutzfunktionären bereits eingebür-

gert hat: Kaum einer läßt am anderen ein gutes Haar.
Natürlich kann man nicht mit einer Organisation oder Person zusammenarbeiten, deren Unseriösität eindeutig erwiesen ist. Es geht auch nicht darum, sich prinzipienlos mit allem und jedem einverstanden zu erklären. Aber man muß nicht gleich alles ablehnen, was ein anderer Verein macht, bloß weil er es eben anders macht – oder andere Schwerpunkte setzt.

Ein Verein kümmert sich mehr um streunende Katzen als ein anderer. Einer nimmt Tiere aus dem Süden auf, der andere lehnt dies prinzipiell ab. In einem Tierheim werden die Hunde in Einzelzwingern gehalten, im anderen schwört man auf Rudelhaltung. Das eine Tierheim ist extrem sauber und gepflegt, das andere eben nicht. Solange keine Tierquälereien oder ungerechtfertigten Einschläferungen vorkommen, sind dies alles keine Gründe, einen anderen Verein völlig abzulehnen und überall anzuschwärzen.

Besonders unverständlich wird es, wenn die Tierschützer beginnen, sich gegenseitig bei der Polizei anzuzeigen. Die häufigsten Prozesse werden wegen übler Nachrede und Beleidigung oder um ein bestimmtes Tier geführt. Solche unschönen und meistens überflüssigen Auseinandersetzungen erschweren auch uns die Arbeit.

Außerdem schaden sie dem Ansehen des Tierschutzes generell, da die Öffentlichkeit nur in den allerseltensten Fällen für

11. Was ich mir für den Tierschutz wünschen würde

diese Form der Vereinsmeierei und oft kleinkrämerischer juristischer Arbeitsbeschaffung Verständnis haben kann.

4. MEHR VERSTÄNDNIS!

Mehr Verständnis sollten die Tierschützer mitunter auch für „ihre Kundschaft" haben. Oft können sich die Tierschützer zu wenig in die Situation der Menschen hineinversetzen, die sich in ein Tier verguckt haben, die genau wissen, daß es „dieses oder keines" sein muß und nun hoffen und bangen, ob sie den Zuschlag erhalten oder nicht. So jemand kann unter Umständen die Nacht zwischen der Sendung und seinem Tierheimbesuch vor Aufregung kaum schlafen. Für die Interessenten ist eine Vermittlung keine Routine, und die Tierheimleute sollten sich genügend Zeit für sie nehmen, freundlich und geduldig sein, auch wenn jemand sich als ziemlich unerfahren erweist.

Mitunter ist es natürlich auch die Arbeitsüberlastung, die so manchen Tierpfleger oder ehrenamtlichen Mitarbeiter dazu bringt, einen Interessenten einfach links liegen zu lassen oder unwirsch abzufertigen. Dafür gibt es keine Entschuldigung – außer, wenn sich der Interessent völlig danebenbenimmt oder einen extrem unseriösen Eindruck macht.

Und in diesem Zusammenhang eine Bitte an die zukünftigen Tierhalter: Lassen Sie sich nicht davon abschrecken, daß in manchen Tierheimen ein ziemlich ruppiger Ton herrscht. Seien Sie da nicht empfindlich – dem Tier zuliebe, für das Sie sich interessieren. Denken Sie nur an das Tier, das Sie haben möchten. Gehen Sie auf keinen Fall einfach unverrichteter Dinge wieder weg, sondern beschweren Sie sich bei der Tierheimleitung – oder, falls diese selbst der Stein des Anstoßes ist – bei der/dem Tierschutzvereinsvorsitzenden, notfalls sogar beim Dachverband. Konstruktive Kritik erreicht in diesem Fall mehr als beleidigter Boykott.

Leider sind viele Vereine aus finanziellen Gründen auf jede helfende Hand angewiesen, die sich ihnen bietet. Da müssen die Tierheime dann mitunter auch einmal einen Helfer in Kauf nehmen, der zwar gut mit Tieren umgehen kann, aber eben nicht unbedingt mit Menschen.

Sie hat ein neues Zuhause gefunden

12. Was ich mir für die Tiere wünschen würde

Weniger oder gar keine Hundesteuer für Tierheimhunde, das würde auch seine Chancen verbessern

Bei aller Freude an unserer Sendung und bei all der begeisterten Zustimmung, die wir damit bei den Tierschützern und unseren Zuschauern auslösen, müssen wir uns doch darüber im klaren sein, daß wir nur die traurigen Folgen eines Problems zu beheben helfen. Unsere Arbeit ist ein Tropfen auf dem heißen Stein, sinnvoll zwar und dringend notwendig, aber sie ändert nichts an den Zuständen im allgemeinen. Dabei wäre durch die richtigen politischen und gesetzlichen Maßnahmen durchaus auch den Ursachen beizukommen. Ein wenig Utopie muß an dieser Stelle erlaubt sein. Denn ohne Utopien kommt man nun einmal nicht an die wirklichen Wurzeln eines Übels heran:

12. Was ich mir für die Tiere wünschen würde

Dieser herrenlose Streuner ist fast verhungert

1. Wenn die Hunde- und Katzenzüchter nicht freiwillig dazu bereit sind, ein paar Jahre auf die Produktion von weiteren Tieren zu verzichten, müßte es ein Zuchtverbot geben, möglichst EU- oder europaweit. Es müßte zwischen fünf und zehn Jahren dauern, nämlich bis unsere Tierheime so gut wie leer sind, d.h., nur noch die wirklich unvermittelbaren (Gnadenhof-)Tiere in ihrer Obhut haben.

Ausnahmen könnte dringend benötigter Nachwuchs bei Schutz- und Gebrauchshunden sein. Ansonsten sollte nur darauf geachtet werden, daß keine Haustierrasse

Der Mischling wird immer beliebter

ausstirbt, damit die Artenvielfalt erhalten bleibt. Qualzüchtungen müssen aber gänzlich verboten werden!

2. Die hessische Tierschutzbeauftragte Dr. Madeleine Martin und etliche andere Tierschützer und Hundehalter fordern etwas sehr Kluges: Hundebesitzer, die sich ihren Neuzugang aus einem Tierheim geholt haben, sollen von der Hundesteuer befreit werden oder wenigstens eine spürbare Ermäßigung zugestanden bekommen. Das ist doch wirklich einmal eine nützliche und pfiffige Idee![29]

3. Tiere als Ware müssen der Vergangenheit angehören. Der Verkauf lebendiger Tiere sollte stark eingeschränkt werden und nur Fachleuten mit Eignungsprüfung gestattet sein. Haustierverkauf in Warenhäusern oder Großmärkten sollte EU- (oder besser: europa-)weit untersagt werden! Und wenn sich der Zoohandel schon nicht auf den Vertrieb von Futter und Zubehör beschränken möchte, so müssen mindestens drei Bedingungen gewährleistet sein:

● ausführliche und exzellente Fachberatung: Es hat nämlich schon Fälle gegeben, wo einem Kunden zu einer Rotwangen(wasser!!)schildkröte ein Katzenklo mit Streu verkauft wurde![30]

● eine Rücknahmegarantie für alle verkauften Tiere durch den Händler oder Züchter, damit die Tiere nicht einfach ausgesetzt werden, im Tierheim landen oder durch viele Hände gehen. (Bei der Neuvermittlung bzw. dem Neuverkauf

12. Was ich mir für die Tiere wünschen würde

Mehr Information – das kann zum Beispiel der regelmäßige Besuch einer Welpenschule sein. Hier toben Hunde- und Menschenkinder gemeinsam in der Ballkiste

kann dann ja gerne die kompetente Hilfe des ortsansässigen Tierschutzvereines in Anspruch genommen werden.)

● Vor allem Wellensittiche, Hamster, Zwergkaninchen und Meerschweinchen, aber auch andere Kleintiere und Vögel müssen mehr kosten, um nicht allzu leicht zu Wegwerftieren zu werden, die man billig nachkaufen und ersetzen kann.

4. Tierquälerei und das Aussetzen eines Tieres sind alles andere als ein Kavaliersdelikt und müssen viel intensiver verfolgt sowie strenger bestraft werden.

5. Wildlebende Hauskatzen müssen kastriert werden. Dies ist ein gesellschaftliches Problem. Und wenn die Tierschützer dabei schon die Arbeit auf sich nehmen, müssen sie von Gemeinden, Städten, vom Land oder Bund wenigstens die Kosten erstattet bekommen!

Also alles in allem kann ich meine Forderungen auf dreimal zwei Worte reduzieren:

● Strengere Gesetze
● Weniger Züchter
● Mehr Information!!!

13. Was haben wir bisher erreicht?

Nun, zumindest zum dritten dieser Punkte konnten und können wir entscheidend beitragen und durch die abwechselnd mit „Tiere suchen ein Zuhause" ausgestrahlte Pendant-Sendung „Zeit für Tiere" viele wichtige Informationen zu Haustierhaltung und Tierschutzproblemen geben. Daß diese von Ihnen, liebe Zuschauer, auch angenommen werden, zeigen uns Ihre vielen Briefe. Den Tiervermittlungssendungen im Fernsehen ist sicher auch ein wenig zu verdanken, daß der Mischling immer „gesellschaftsfähiger" wird und inzwischen zum beliebtesten deutschen Hund avanciert ist – und natürlich, daß der Trend zum „Secondhand"-Tier geht.

Denn auf jeden Fall kommen nun langsam aber sicher immer mehr Menschen auf den Gedanken, bei der Wahl ihres Haustieres erst einmal beim Tierschutz nachzugucken oder einen armen Strandköter oder samtpfötigen Streuner am Urlaubsort zu adoptieren.

14. Nachwort

Seit den Siebziger Jahren gibt es in Deutschland nun schon Tiervermittlung via Bildschirm. Den Anfang hatte damals der Hessische Rundfunk mit „Herrchen gesucht" gemacht. Ursprünglich als Pausenfüller gedacht, eroberte sich die Sendung schnell einen festen Platz im dritten Programm und mauserte sich zu einer der beliebtesten und bekanntesten Reihen in Hessen Drei. Ihre Sendezeit wurde immer länger, und aus dem langjährigen vierzehntägigen Rhythmus wurde schließlich sogar ein wöchentlicher.
Auf Initiative von WDR-Redakteur Dieter Kaiser startete mit Beginn des Jahres 1991 die Sendereihe „Tiere suchen ein Zuhause" beim WDR-Fernsehen. Sie hat so erfolgreich Fuß – oder besser gesagt – Pfote gefaßt, daß sie 1996 das fünfjährige Jubiläum feiern konnte. Und in einer Zeit, in der viele neue Sendungen kommen und gehen und die kommerzielle Konkurrenz immer zahlreicher wird, hat sich „Tiere

14. Nachwort

suchen ein Zuhause" nicht nur gut gehalten; im fünften Ausstrahlungsjahr hat der WDR sogar die Anzahl der Folgen verdoppelt!

Das gilt übrigens auch für die „Schwester"-Sendung „Zeit für Tiere". Dieses Magazin mit den verschiedensten Haustier- sowie Tier- und Artenschutzthemen und aktuellen Berichten ist eine optimale Ergänzung zur Tiervermittlung. Beide Tiersendungen wechseln sich deshalb seit September 95 auf demselben Sendeplatz ab. Statt einmal im Monat dürfen wir also inzwischen alle vierzehn Tage Tierheimschützlinge unter die neuen Frauchen und Herrchen bringen. – Ein schöner Erfolg und eine Entwicklung, die natürlich vor allem die Tierschutzvereine freut. Denn die haben nach wie vor volle Tierheime, viele schwierige Fälle und jede geglückte Vermittlung entsprechend bitter nötig! Und deshalb möchte ich mich an dieser Stelle noch einmal ausdrücklich bei unseren Zuschauern bedanken! Ohne Ihr großes Interesse an unseren Tiersendungen wäre die Verdoppelung der Sendezeit nicht möglich gewesen. Und ohne Ihr großes Interesse an den Tieren würde auch das zweite Erfolgsbarometer nicht so positiv aussehen, wie ich es in diesem Buch beschreiben konnte: die Vermittlungsquote.
Die gute und stabile Einschaltquote freut den WDR, die hohe Vermittlungsquote die Tierschützer. – Noch schöner wäre es allerdings – wie gesagt – wenn unsere Sendung überflüssig wäre, wenn es gar nicht erst so viele „Wegwerftiere" gäbe, herrenlos und ausgesetzt, und wenn es keine Tierheime mehr geben müßte. – Doch das ist momentan noch rosarote Utopie. Und wenn wir nun alle zwei Wochen gut zwanzig Tiere aus der Sendung und gleichzeitig damit noch einmal so viele Tierheimtiere, die nicht im Fernsehen waren, vermitteln, dann sind das pro Jahr immerhin 26 x 40 Tiere, also mehr als tausend Schützlinge pro Jahr!

Doch ohne Sie, liebe Zuschauer und Tierfreunde, geht nichts. Und deshalb habe ich dieses Buch geschrieben, ein Buch, das auf viele Fragen rund um „Tiere suchen ein Zuhause" eingeht und dabei helfen soll, unsere Tiervermittlung noch erfolgreicher zu machen. Erzählen Sie's ruhig weiter.

So sieht es aus, wenn sich die Autorin zu Hause einmal ausruhen möchte

15. Die Statistik

ie Einspielfilme zeigen ein paar erwähnenswerte und typische Vermittlungshöhepunkte. Wir werden aber immer wieder gefragt, wie viele Tiere wir insgesamt vermitteln. Daher nun noch ein wenig Statistik – die letzten vier Jahrgänge sollen einen Eindruck vermitteln – trockene Zahlen, hinter denen sich aber immerhin feuchte Schnauzen verbergen, wedelnde Schwänze, schnurrende Wohllaute – und nicht zuletzt auch glückliche Menschen.

In elf Sendungen[31] des Jahres 1992 haben wir nach der Jahresbilanz von Stardust Produktionen, die immer spätestens bei der Vorbereitung der „Sitzenbleiber"-Sondersendung auf den neuesten Stand gebracht wird, insgesamt 202 Kandidaten vorgestellt, nämlich:

- 146 Hunde (Wie ich schon sagte: Der Hund ist unser häufigstes Tier.)
- 36 Katzen
- 7 Kaninchen
- 5 Hamster
- 3 Meerschweinchen
- 2 Ratten
- 2 Hasen und
- 1 Chinchilla

Von diesen 202 Tieren konnten 173 erfolgreich unter die Haube gebracht werden.

In den elf Sendungen des Jahres 1993, also in den elf neuen Sendungen ohne die Januar-Sondersendung mit den „Altlasten" des Vorjahres, präsentierten wir Ihnen:

- 124 Hunde
- 48 Katzen
- 12 Kaninchen
- 60 Wellensittiche
- 5 Schafe
- 4 Pferde
- 3 Chinchillas
- 2 Nymphensittiche

15. Die Statistik

- 2 Tauben
- 1 Meerschweinchen und schließlich
- 1 Frettchen (nämlich der bereits erwähnte Arthur)

Das waren insgesamt 262 Kandidaten. Die Zahl ist wegen der vielen Wellensittiche so ungewöhnlich hoch. Davon blieben 20 Vierbeiner und 15 Vögel übrig; sechs weitere, drei Katzen und drei Hunde, kamen aus verschiedenen Gründen wieder zurück.

Ein Jahr später, 1994, stellten wir in zwölf Sendungen 213 Tiere vor, nämlich:

- 139 Hunde
- 46 Katzen
- 1 Marder
- 1 Ziege
- 1 Schwein (Gustav!)
- 1 Unzertrennliche
- 1 Hahn sowie
- 23 Klein- und sonstige Tiere (nämlich Sittiche, Schildkröten, Maus, Ratten, Hamster, Kaninchen, Chinchillas)

Davon sind erfreulicherweise nur sieben Katzen und 18 Hunde übriggeblieben bzw. wieder zurückgekommen. Das heißt: Im Durchschnitt fanden zwei Tiere pro Sendung beim ersten Anlauf leider kein dauerhaftes Zuhause.

Nebenbei gesagt werden wir immer vielseitiger. Im September 1995 hatten wir ja sogar ein kleines, 16 Wochen altes Wildschwein vorgestellt: Frischling Otto. Außer Otto haben wir 1995 in nunmehr fünfzehn Sendungen

Claudia Ludwig mit dem kleinen Otto

- 126 Hunde
- 72 Katzen
- 14 Kleintiere (Meerschweinchen, Hamster, Kaninchen, Chinchillas und eine Ratte)
- 14 Vögel (Papageien, darunter Sittiche und Tauben) sowie
- eine Ziege

vorgestellt. Übriggeblieben sind davon 19 Hunde, fünf Katzen und zwei Taubenpärchen (darunter unverständlicherweise zwei herrliche, weiße Pfauentauben). Nach unserer letzten Sondersendung zum Jahresende konnten jedoch alle diese „Sitzenbleiber" vermittelt werden. Und wir haben Ihnen dabei zum Auftakt auch noch vier mehr oder weniger

15. Die Statistik

Ben & Max, zwei Mischlingsbrüder, waren fast ein Jahr im TH Bad Salzuflen, bevor sie durch die Sendung ein Traumzuhause fanden

schwierige Hunde ans Herz gelegt, die noch von 1994 übriggeblieben waren! Wir haben uns sehr gefreut, daß es auch bei diesen Pechvögeln nun beim immerhin dritten Anlauf geklappt hat. Manchmal wird Hartnäckigkeit eben belohnt.

Bei all diesen Zahlen und Statistiken ist ganz besonders erfreulich, daß in jedem Jahr ungefähr noch einmal so viele Tiere aus den Vereinen vermittelt werden konnten, wie im Fernsehen gezeigt wurden. Denn glücklicherweise sind immer wieder etliche Interessenten bereit, ein anderes Tier aufzunehmen, falls ihr Favorit schon vergeben ist. So konnte das Tierheim Velbert in der letzten Januar-Sondersendung neben seinen beiden Problemtieren, die eine zweite Chance brauchten, gleich noch für 15 (!) weitere Hunde und Katzen ein Zuhause finden. Selbst mit Frischling Otto konnte gleich noch ein ungefähr gleichaltriges Wildschweinmädchen aus Wuppertal vermittelt werden!
Besonders gut klappt die „Stellvertretend-für-viele-andere-Vermittlung" natürlich bei Kleintieren. Im September 1995 stellte der TSV Moers das blinde Widderkaninchen Charly vor; vier Teddy-Hamster erwähnten wir nur im Gespräch. Alle Hamster, und – neben Charly – noch neun weitere Kaninchen fanden daraufhin neue Besitzer!

16. Verhaltenstörungen und „Problemverhalten" bei Hund und Katze

Dr. Dorit Urd Feddersen-Petersen

„Hunde und Katzen aus dem Tierheim sind sowieso verhaltensgestört". Dieses Vorurteil hält sich eisern und hat wohl bereits etliche Hunde- und Katzenbesitzer in spe davon abgehalten, sich ihr Tier dort zu holen. Dies gilt auch für Menschen, die aus Überzeugung keine Welpen vom Züchter kaufen wollen. Die Angst vor dem, was da auf sie zukommen könnte, scheint grenzenlos.

Nun ist es sicherlich richtig, daß Hunde und Katzen aus Tierheimen, die eventuell wenig oder kaum an Menschen gewöhnt sind, mehr oder weniger isoliert aufwuchsen oder bereits mehrere Besitzerwechsel durchmachen mußten, besonders einfühlsamer und kundiger Behandlung bedürfen. Es braucht Zeit, aber auch ein großes Maß an Zuwendung, bis verlorengegangenes Vertrauen wieder wachsen kann. Solche Tiere können lange Zeit scheu und schreckhaft bleiben – oder in der Tat verhaltensgestört sein. Zwangsläufig ist das jedoch keineswegs so.

In Tierheimen finden wir Heimtiere mit in der Regel schlechten Erfahrungen mit dem Sozialpartner Mensch vor. Über mögliche Probleme muß in schwierigen Fällen geredet werden, aus Verantwortungsbewußtsein dem Tier wie dem Interessenten gegenüber. Aber sind es später wirklich überwiegend Tierheimhunde oder Fundkatzen, die Probleme bereiten? Ich glaube kaum. Zahlen, die hier Aufschluß geben könnten, kenne ich nicht. Und schließlich wurden etliche Hunde, die im Tierheim leben, auch einmal im Alter von acht Wochen beim Züchter gekauft ...

Schubladendenken gilt also auch hier nicht. Denn es gibt außerordentlich enge Bindungen zwischen Hunden aus dem Tierheim und ihren Besitzern – im Gegensatz dazu kann ein junger Rassehund vom Züchter wesentlich größere Probleme bereiten. Andererseits mögen Tierheimtiere ihre Besitzer oftmals mehr beanspruchen als Welpen, die mit acht Wochen vom Züchter geholt wurden.

„Verhaltensstörung" ist ein Modewort geworden, und wenn es um die Charakterisierung von Hund und Katze geht, ist es umgangssprachlich wohl eines der am häufigsten falsch benutzten Wörter.

Was sind Verhaltensstörungen?
Sicher nicht alle Verhaltensweisen, die uns nicht gefallen, die wir nicht einord-

16. Verhaltensstörungen und „Problemverhalten" bei Hund und Katze

nen können, nicht verstehen und die uns folglich stören. „Störendes Verhalten" wäre hier der richtige Begriff, der zu Ende gedacht „den Menschen störendes Verhalten" heißen müßte.
Ein Hund, der auf dem teuren Teppichboden kratzt oder eine Katze, die am Sessel spritzharnt, sie zeigen „störendes Verhalten". Hunde, die im Tierheim lebten und bei ihrem neuen Besitzer noch ängstlich und unsicher sind, benötigen Ruhe, um sich im neuen Lebensraum zurechtzufinden. Menschen, die Tiere aus einer Konsumentenhaltung heraus betrachten, werden einen solchen Hund auch als störend empfinden, weil er nicht so „funktioniert", wie man es sich von einem Hund eben so vorstellt.

Nach den Gründen für ein bestimmtes Verhalten wird vielfach gar nicht gefragt, aber die „Störung" soll beseitigt werden. Um die rechte Argumentation für den Besuch beim „Tierpsychologen" oder einem anderen Berater zu finden, wird dann oftmals aus einem normalen, wenn auch den Besitzer störenden Verhalten, eine „Verhaltensstörung". Es gibt durchaus Tierbesitzer, die diese Attestierung wollen, da sie sich damit der Verantwortung für die Entwicklung ihres Tieres enthoben sehen: Ihr Hund oder ihre Katze ist eben so „abartig" veranlagt, daß es eine Zumutung wäre, ihn oder sie zu behalten.
Die berufenen Experten sind in der Regel Tierärzte, die sich auf dem Gebiet der Ethologie, der Lehre von der Lebensweise und den Lebensbedingungen der Tiere und in der „Verhaltenstherapie" fortgebildet haben. Sie werden die Sachlage schnell erkennen und aus der vermeintlichen „Verhaltensstörung" das machen, was sie meist ist: die Reaktion auf sehr tierferne Lebensbedingungen, Symptome einer arg strapazierten Verhaltensanpassung.

Es sei hier auf die Bedeutung der Tierärzte in ihrer Funktion als tierschutzorientierte Ethologen verwiesen, sie sollten dem so häufigen „Problemverhalten" von Hunden und Katzen bereits in der Beratung entgegenwirken und Tierbesitzer, was die Verhaltensansprüche bestimmter Rassen und deren besondere Bedürfnisse sowie Anforderungen bei der Aufzucht angeht, aufklären. Die wenig tiergerechte Umwelt ist nur dann zu ändern, wenn der Besitzer sich ändert – sich auf sein Tier einstellt. Ist er dazu nicht bereit oder nicht in der Lage, wird die Qualität der Besitzer/Heimtier-Beziehung und folglich das Zusammenleben von Mensch und Tier schwerlich zu verbessern sein.

Definitionen:

Generell versteht man unter einer 'Verhaltensstörung' eine der jeweiligen Situation unangemessene Verhaltensauffälligkeit eines Individuums. Sie ist gekennzeichnet durch solche Verhaltenselemente oder -folgen, die sich in Dauer und Häufigkeit sowie in ihrer räumlichen und zeitlichen Einstellung gegenüber Umweltsituationen auffällig von der „Norm" unterscheiden. Was „normal" ist und wo die Grenzwerte

16. Verhaltenstörungen und „Problemverhalten" bei Hund und Katze

zum Krankhaften liegen, das setzt der Mensch fest. Und wie er entscheidet, hängt von seinen persönlichen Erfahrungen im Umgang mit Tieren ab. Gerade bei Haustieren fällt dieses Ergebnis äußerst unterschiedlich aus. Das „Normale" aber ist kaum durch eine statistisch beschreibbare Verteilung von Merkmalen sinnvoll zu definieren. Denn Hunde z.B. unterscheiden sich nicht nur durch Körpergröße, Behaarung und Schädelformen, sie fallen auch durch unterschiedliches Verhalten auf. Die Anlage dafür ist genetisch vorgegeben genauso wie das Lernvermögen.

Verhaltensstörungen gelten als Anzeiger einer belastenden Lebenssituation, die dem betroffenen Tier schadet oder geschadet hat, und sie sind nach heutigem Wissensstand eindeutig mit negativen Empfindungen und Leiden behaftet – ein tierschutzrelevanter Umstand. Verhaltensstörungen können erworben, durch Krankheiten verursacht oder erblich bedingt sein. Hier spielen auch die züchterischen Maßnahmen eine wichtige Rolle.

Echte Verhaltensstörungen indes sind Krankheitszustände. Man könnte sie auch als Störungen in der Verhaltenssteuerung charakterisieren. Zittern, Speicheln, Schreien als Reaktion auf bekannte, alltägliche Reize; Im-Kreis-Laufen, das durch Ansprechen nicht unterbunden werden kann, Selbstverstümmelung und andere zwanghafte Verhaltensweisen oder Stereotypien sind unnatürlich und erscheinen uns in der jeweiligen Situation als völlig unangemessen.

Um aber den sicheren Nachweis von Verhaltensstörungen auch führen zu können, müssen fundierte Kenntnisse zum sog. Normverhalten von Wildtieren und ihren Hausformen (Wolf und Haushunden; Falbkatze und Hauskatzen) vorliegen. Des weiteren muß man wissen, wie es zur Entwicklung einer bestimmten Störung kommt. Gelegentlich kann man, mit aller Vorsicht, Vergleiche ziehen, wenn beispielsweise ein Krankheitsbild an Angst- oder depressive Verhaltenszustände des Menschen erinnert, die durch massive Streßreize hervorgerufen werden. Aber leider wissen wir über diese Störungen und ihre Entstehung bei Heimtieren insgesamt noch recht wenig. Die Möglichkeiten und die Grenzen der Lerntherapie oder allgemein einer Verhaltenstherapie werden nun endlich auch in Deutschland zunehmend analysiert. Doch dazu später mehr.

Ursachen von Verhaltensstörungen

Etliche Störungen sind auf reizarme, in jeder Beziehung beengte Lebensbedingungen zurückzuführen, insbesondere in der „sensiblen Phase" der Jugendentwicklung. Gerade in dieser Zeit ist Lernen notwendig, und die fehlende oder unzureichende Möglichkeit dazu hat ganz fatale Folgen. Zum besseren Verständnis sei etwas zum Lernverhalten gesagt. Wissenschaftlich versteht man unter Lernen das Entstehen stabiler Verhaltensänderungen aufgrund vorausgegangener Erfahrungen. Lernen führt zur Entwicklung von Eigenschaften, die ein Lebewesen für seine jeweilige Umwelt „geeigne-

16. Verhaltensstörungen und „Problemverhalten" bei Hund und Katze

ter" machen. Das bedeutet gleichzeitig, daß sich ein in seiner Umwelt angepaßtes oder „eingepaßtes" Lebewesen sicher fühlt. Soziale Sicherheit und Umweltsicherheit werden also als Voraussetzung für ein Wohlbefinden angesehen. Die individuelle Erfahrung führt dazu, daß jedes Tiere in der Umwelt, in der es aufwächst und an die es sich anpassen muß, verschiedene Verhaltensmerkmale entwickelt. Domestikation und Züchtung bestimmen dabei den „Rahmen", innerhalb dessen sich diese individuelle Anpassung eines Haustieres entwickeln kann.

Hunde

Haushunde nehmen unter den Haustieren eine gewisse Sonderstellung ein. Zum einen ist ihr Erscheinungsbild, bedingt durch menschliche Züchtung, außerordentlich variabel, bestimmte äußere Merkmale sind extrem unterschiedlich entwickelt. Zum anderen aber haben Haushunde, wie bereits betont, ganz besondere soziale Beziehungen zum Menschen entwickelt. Wenn es also um die 'hundlichen' Umweltansprüche geht, sind stets deren Rassebesonderheiten und die Beziehung zum Menschen zu berücksichtigen.
Wir verstehen alle Hunde heute als domestizierte Wölfe, und als solche sind sie hochsoziale Säugetiere. Sie müssen in Sozialverbänden leben und entsprechende soziale Rollen einnehmen können und über ein dazugehörendes „Rangordnungsbewußtsein" verfügen. So vermögen Hunde individuellste Bindungen zu Artgenossen, aber auch zu Menschen einzugehen. Solche Bindungen aber beruhen stets auf Lernprozessen. Während der langen Entwicklung zum Haushund ist so der Mensch zum wichtigsten Sozialkumpan aufgestiegen. So brauchen sie heute den Kontakt zum Menschen als Teil ihrer „normalen" sozialen Umgebung. Das ursprüngliche Verhalten ist durch Zucht so manipuliert und verändert worden, daß sie sich unter den Lebensbedingungen, die denen der Wildart nahekommen, kaum noch zurechtfinden würden. In der „semi-natürlichen" Umwelt eines Rudels fehlen unverzichtbare Bestandteile gerade in bezug auf die Gemeinschaft mit dem Menschen, andererseits gibt es solche, die unsere Hunde total überfordern würden. Die heutigen Hunde weisen ja ausgeprägte Domestikationserscheinungen auf und zeigen auch im Verhalten – je nach Rasse – große, ja selbst qualitative Unterschiede zur Stammform Wolf.
Eigene Untersuchungen an verschiedenen Hunderassen stützen die Auffassung, daß generell Menschen für die sozialen Ansprüche von Haushunden unverzichtbar geworden sind. Und das gilt besonders für die frühe Entwicklung, die durch altersabhängige sensible Phasen charakterisiert ist. Eine Aufzucht von Hunden ohne den Kontakt zum Menschen erzeugt zwangsläufig Verhaltensstörungen. Werden dem Hund in bestimmten Entwicklungsphasen wichtige Erfahrungen vorenthalten, so wird das Lernvermögen wie auch die spätere Anpassungsfähigkeit generell eingeschränkt. Ein solches

16. Verhaltensstörungen und „Problemverhalten" bei Hund und Katze

Manko, das sich auch auf die spätere Auseinandersetzung mit Artgenossen erstreckt, führt sowohl zu einer Unsicherheit, was die eigene Umwelt angeht, wie auch zu einer sozialen Unsicherheit. Im Ergebnis haben wir es dann mit „Angstbeißern" zu tun. Die frühe Entwicklung der Beziehung zum Menschen ist also offenbar auch wichtig für die spätere Beziehung zu anderen Hunden. Der Kontakt mit Artgenossen und die damit verbundene Sozialisation ist gleichfalls zwingend für eine tiergerechte Entwicklung von Hunden. Jagdhunde z.B. reagieren in bestimmten Entwicklungsphasen äußerst sensibel auf ihre Umwelt. Und das hat direkte Auswirkungen auf ihr späteres soziales Verhalten, insbesondere auch auf ihre Lernleistungen, die Art ihrer Bindung an den Menschen, die soziale Flexibilität und das Verhältnis von Verträglichkeit zu Aggressivität.

Entscheidend für die Hundeentwicklung ist ein Lebensabschnitt, den man als „Spielalter" bezeichnen kann. Eine Zeitspanne, in der Erkunden, Neugierverhalten, Nachahmen und Spielen (gemeint sind Sozialspiele mit Menschen und Artgenossen!) die wesentlichen Lebensinhalte darstellen. Dieses Verhalten kennzeichnet die gesamte hundliche Jugendentwicklung und beeinflußt das Lernvermögen sowie die Anpassungsfähigkeit an die reizüberflutete „Umwelt des Hausstandes" in entscheidender Weise. Isoliert oder reizarm aufgezogene Hunde zeigen kein oder kaum Spielverhalten. Sie entwickeln durch schweren sozialen Erfahrungsentzug zwangsläufig Verhaltensstörungen, die zu einem großen Teil auf die fehlende Bindung an die Mutterhündin, andere Artgenossen aber auch den Menschen, also an die hundlichen Sozialpartner, zurückzuführen sind. Denn diese geben den Welpen die nötige soziale Sicherheit für das Erkunden, das Spiel und das Nachahmen, kurz für die normale Verhaltensentwicklung. Ähnliche Störungen entwickeln sich bei äußerst reizarm gehaltenen Hunden, wie z.B. bei ausschließlicher oder überwiegender Zwingeraufzucht. Sie können keine ausreichende Umwelterfahrung entwickeln und bleiben deshalb nicht selten lebenslang umweltunsicher.

Wir können also festhalten, daß jedes beobachtbare Hundeverhalten das Ergebnis der genetischen Anlagen des betreffenden Individuums sowie der vielen sozialen sowie unspezifischen Reize ist, denen der Hund im Laufe seiner Entwicklung ausgesetzt war bzw. ausgesetzt ist.

Die Wissenschaft hat im Laufe der vergangenen Jahre diverse Einteilungskriterien für die Jugendentwicklung festgelegt, die alle mit dem Fehler der willkürlichen Abgrenzung bestimmter Zeitabstände behaftet sind. Die Entwicklung aber ist eine kontinuierliche, lebenslange Veränderung – und das, was in einem Entwicklungsabschnitt geschieht, ist niemals unabhängig von dem, was vorher geschah, und wird das beeinflussen, was folgt. Ein weiterer Nachteil ist, daß die Darstellungen der Entwicklung einer bestimmten Tierart oder Rasse die individuellen Fähigkeiten der dazu gehörenden Tiere oftmals vernachlässigen. Zulässig allerdings wird so eine

16. Verhaltensstörungen und „Problemverhalten" bei Hund und Katze

Einteilung, um Vergleiche ziehen zu können. Sie ist somit eine sinnvolle Hilfskonstruktion.
Die Verhaltensforscher Scott und Fuller haben die Entwicklungsphase bei Hunden nach folgenden Gesichtspunkten untergliedert:
1. Neonatale Phase (beendet durch das Öffnen der Augen: ca. 1. – 11. Tag),
2. Transitionale- bzw. Übergangsphase (Veränderungen hinsichtlich motorischer und sensorischer Fähigkeiten: je nach Rasse 11. – 18. (36.) Tag),
3. Sozialisierungsphase (rasche Entwicklung sozialer Verhaltensmuster: je nach Rasse: 17. (37.) – ca. 90. Tag) und
4. juvenile Phase, die bis zur Geschlechtsreife reicht.

Die Sozialisierungsphase, in der artgemäßes Sozialverhalten gelernt werden muß, ist die Zeit, in der Hunde bevorzugt Bindungen einzugehen vermögen. Das setzt natürlich eine besonders, emotionale Sensibilität voraus. Durch diese Sensibilität besteht jedoch auch eine Anfälligkeit für Verhaltensschäden durch falsche oder fehlende Reize. Es liegt somit in der Verantwortung der Hundezüchter und Hundehalter, ob und wie diese Zeit im Sinne einer hundegerechten Aufzucht genutzt wird. Wird sie vertan, wirkt sich dies negativ auf die Hundeentwicklung aus.
In diese Sozialisierungsphase fallen also die sensiblen, die „kritischen" Phasen der Welpenentwicklung. Zwischen dem 16. und 20. Tag intensiviert sich unter den Welpen der Kontakt zu den Geschwistern, der Mutterhündin und dem Menschen. In der folgenden Zeitspanne bis zur 7. Lebenswoche läuft dann die rasante wie entscheidende Entwicklung des Sozialverhaltens der Welpen ab, die bis zur 20. Woche etwa anhält.
Auch die Entstehung von Entzugserscheinungen bei Hunden, sogenannte Deprivationssyndromen, ist, wie bereits angedeutet, an sensible Phasen gebunden. Fehlentwicklungen und Verhaltensstörungen, die als Folge sozialer Isolierung (Erfahrungsentzug) in der frühen Entwicklung auftreten, erzeugen eine lebenslange Unfähigkeit zu normalem Sozialverhalten und zur Sozialisation von Hunden. Solche Tiere sind teilnahmslos oder schreckhaft und bleiben sozial unsicher. Allerdings muß eingeräumt werden, daß die Art und Weise, wie frühe Erfahrungen das spätere Verhalten beeinflussen, wissenschaftlich größtenteils noch nicht zu beantworten ist.
Die „sensible Phase", in der prägungsähnliche Lernvorgänge stattfinden, hat bei Hunden in etwa mit der 7. Lebenswoche ihren Höhepunkt erreicht. Es gibt diesbezüglich allerdings Rasseunterschiede, die noch nicht ausreichend abgesichert werden konnten. Faktoren wie Furcht, Isolation, Bindung an einen Ort, Bindung an Individuen sowie später Angriffs- und Verteidigungsbereitschaft beeinflussen danach die Sozialisierungsfähigkeit.
Hunde sollten daher nicht vor der 8. Lebenswoche abgegeben werden, denn der Kontakt zu den Geschwistern und das soziale Lernen im Spiel sind besonders wichtig. Die Funktion des Sozialspiels ist wissenschaftlich bislang zwar nicht abschließend geklärt. Es ist jedoch davon

16. Verhaltensstörungen und „Problemverhalten" bei Hund und Katze

auszugehen, daß gerade bei den hochsozialen Wölfen und Haushunden soziale „Fähigkeiten" gelernt werden: Die soziale Flexibilität etwa steigt an und die Kommunikationsfähigkeit wird differenzierter. Weiter können die jungen Hunde im Laufe ihrer Entwicklung Bewegungen und soziale Reaktionsnormen einüben, ohne daß die im „Ernstverhalten" üblichen Konsequenzen folgen. Dies alles sollte in der vertrauten Umgebung beim Züchter erfolgen.

Als guter Abgabetermin ist die 10. bis 12. Lebenswoche zu nennen. Wichtig erscheint mir jedoch, daß der Hundebesitzer vor diesem Zeitpunkt bereits regelmäßig Kontakt zu seinem Welpen aufnimmt. Er kann mit ihm kleinere Spaziergänge unternehmen, um ihn an sich zu gewöhnen, ihn so mit neuen Reizen bekanntmachen und ihm auch die Möglichkeit geben, fremde erwachsene und junge Hunden kennenzulernen. So kann der Welpe seinen Aktionsraum sukzessive erweitern um seiner Umgebung später angstfrei begegnen zu können. Belebte Straßen, Autofahrten, Fahrstuhlfahrten usw. werden so kein Problem darstellen. Das „Erobern" der belebten wie unbelebten Umwelt muß also für die Welpen bereits in der Zeitspanne beim Züchter beginnen. Ich halte es für notwendig, daß diese Forderungen nach einer hundegerechten Sozialisation und Entwicklung beim Züchter bereits detailliert in die Erlaubnis § 11 Tierschutzgesetz aufgenommen werden sollten.

Es ist zudem wichtig zu wissen, daß die angeführten Lernvorgänge sich auch auf die Motivationsbereiche wie Handlungsbereitschaften und Stimmungen erstrecken, aber auch für aggressive Motivationen gelten, wie Hassenstein betont. So gibt es erwiesenermaßen einen starken Einfluß früher Erfahrung auf die spätere Aggressivität. In ähnlicher Weise werden nun die Bindungsfähigkeit und das Geselligkeitsbedürfnis des Hundes sowie seine Fähigkeit, sich in eine Gruppe einzugliedern, entscheidend mitbestimmt. Für den späteren „Sozialisierungsgrad" der Hunde sind also diese frühen sozialen Erfahrungen ausschlaggebend. In der Zeit von der 4. bis zur 12. Lebenswoche nimmt der Welpe Verhaltenscharakteristika an, die denen der Adulten ähneln, parallel dazu laufen im Gehirn neuronale Reifungsprozesse ab. Um Hunde, bei Beachtung und Achtung ihrer Rassebesonderheiten, in artgerechter Weise an Menschen sozialisieren zu können, bedarf es mindestens einer Person, die für die Betreuung jeweils nur eines Wurfes verantwortlich sein müßte. Hinweise auf die gleichfalls notwendige Umweltprägung im Sinne einer möglichst unproblematischen späteren Anpassung an wechselnde Lebensumstände sollten nicht fehlen. Hunde aus großen kommerziellen Zwingeraufzuchten sind aufgrund ihrer hochgradig beengten Lebensbedingungen gerade in dieser Zeit nicht selten sozial benachteiligt. Sie bilden den Grundstock der später potentiell gefährlichen Hunde. Mit der Aufnahme einer entsprechenden Forderung in die Erlaubnis nach § 11 Tierschutzgesetz würde somit über den Schutz des Tieres – durch Gewährleistung einer artgemäßen Aufzucht – auch die

16. Verhaltensstörungen und „Problemverhalten" bei Hund und Katze

Sicherheit des Menschen beachtet werden. Die Problematik der „gefährlichen Hunde" in diesem Bereich würde ursächlich bekämpft und nicht symptomatisch „behandelt, wie es zum Teil durch die Polizeiverordnung der Länder zu Lasten der Hunde geschieht.

Da in vielen Fällen die notwendige Betreuung der Welpen fehlt, sind Hunde aus Massenzuchten also nicht selten verhaltensgestört. Hinweise auf eine völlig unzureichende Anpassungsfähigkeit selbst an optimale Umweltgegebenheiten fallen in der Regel erst viel später auf, häufig mit sechs Monaten oder einem Jahr. Zu den erworbenen Verhaltensstörungen zählen weiter Fehlprägungen, die Hunde entwickeln, wenn sie zu früh dem Welpenverband entnommen wurden und von Artgenossen ferngehalten aufwachsen.

Wie kann man die Symptome der Verhaltensstörungen erkennen, die infolge fehlender Umweltreize bzw. aufgrund ausgeprägter Umweltbelastungen in der frühen Entwicklung zu Entwicklungsschäden und Fehlanpassungen führen? Hunde mit sozialem Erfahrungsentzug in der „sensiblen Phase" erkennt man daran, daß sie sozial ausgesprochen unsicher sind. Sie haben Probleme im Umgang mit Artgenossen und Menschen und befinden sich ständig in der Defensive. Sie reagieren etwa auf Spielaufforderungen defensiv aggressiv, beißen also bei Distanzunterschreitung aus Angst zu. Dabei sind sowohl ausgeprägte Reaktionen zu beobachten, wie Schreien, Speicheln, Weglaufen bei Annäherung, Zittern, Angstkoten oder Urinieren, als auch fast gar keine Verhaltensänderungen. Die Hunde sind apathisch und nicht ansprechbar. Kommen zu dem sozialen Erfahrungsentzug auch noch Schäden infolge geringer Umweltreize hinzu, sind die beschriebenen Symptome in verstärkter Form anzutreffen. Die begrenzte Umweltprägung in der Jugend (Geruchsprägungen, Objektprägungen u.a. sind betroffen) zeigt sich in erschreckendem Unvermögen, sich an „normale" Umweltgegebenheiten anzupassen. Diesen wird vielmehr immer wieder mit großer Scheu und Schreckhaftigkeit begegnet. Ständig wiederkehrende Verhaltensweisen treten auf, sogenannte Stereotypien: Ist der Hund alleine oder fühlt er sich bedrängt, kommt es in bestimmten Situationen zu einem zwanghaften Dauerbellen. Das stereotype Bellen, oft abfällig Kläffen genannt, kann aber auch ohne Bindung an bestimmte Situationen auftreten. Andere Stereotypien sind z.B.:

- Kreis- oder Figurenlaufen, das kaum oder nicht zu unterbrechen oder gar ganz zu unterbinden ist,
- Kreiseln (sich im engen Kreis Drehen, Schwanzfangen, Schwanzbeißen), oder
- gleichbleibende Kopf- und Körperbewegungen.

Ganz wichtig zu erwähnen aber ist auch, daß einseitig menschengeprägte Hunde Probleme mit Artgenossen haben. Denn sie hatten ja keine Gelegenheit, die hundlichen Rituale im Umgang miteinander zu erlernen. Es herrscht ein aggressives Verhalten gegenüber Artgenossen vor, wobei alle Zeichen der Unsicherheit zu beobachten sind, wie angelegte Ohren,

16. Verhaltenstörungen und „Problemverhalten" bei Hund und Katze

Vermeidung des Blickkontaktes oder Vollzähneblecken bei ständiger Fluchttendenz. Hinzu kommen Deckprobleme mit Artgenossen. Resultate versäumter Prägungen sind gezielte Ausfälle und begrenzte Fähigkeiten zur Auseinandersetzung in den Verhaltensbereichen, die nicht erkundet werden konnten: Scheu vor fremden Gerüchen, Scheu vor Wasser, Scheu vor Geräuschen u.a.

Viele Hunde, die irgendwann im Tierheim abgegeben werden, zeigen die beschriebenen Symptome. Diese hatten keine guten oder sogar mangelhaften Bedingungen in ihrer Jugendentwicklung. Erworben wurden diese Verhaltensstörungen während der „sensible Phase" ihrer Jugend. Und, das sollte nicht vergessen werden, in dieser Zeit wuchsen die Hundewelpen noch beim Züchter auf.

tet sind. Traumatische Verhaltensstörungen, die nach negativen Ereignissen, wie Geschlagenwerden, Beißerei oder Überfahrenwerden auftreten, sind dadurch gekennzeichnet, daß die betroffenen Hunde auf das erlittene Trauma erst mit sozialer Unsicherheit, Hysterie oder z.B. Nervosität reagieren, dann beides miteinander verbinden. So erklärt sich, daß es Hunde gibt, die vor ganz bestimmten Menschentypen oder vor Menschen mit bestimmter Kleidung Angst haben oder „ausrasten". Bekannterweise verfügen Hunde über die Fähigkeit zur Gestaltwahrnehmung, und so können sie bestimmte Reizkombinationen nicht nur an der Gesamtheit der Einzelmerkmale, sondern darüber hinaus an bestimmten Beziehungsstrukturen zwischen diesen Merkmalen erkennen und behalten.

Symptome anderer erworbener Verhaltensstörungen

Zu den erworbenen Verhaltensstörungen gehören auch solche, die sich später, also in jedem Alter entwickeln können. Als Ursache kommen krasse Umstellungen der Lebensbedingungen in Frage, wie z.B. die Abgabe an neue Besitzer. Da Hunde sehr enge Bindungen zu Menschen aufbauen können, kann so eine Trennung ein Trauma sein, das sich in Unsicherheit oder Aggressivität Menschen gegenüber zeigt. Auch eine ungewohnt enge und reizarme Haltung ohne soziale Kontakte kann im Extremfall zu Stereotypien führen, die auf den eigenen Körper, auf Ersatzobjekte oder Sozialpartner gerich-

Symptome genetischer Defekte

Neben den erworbenen Verhaltensstörungen können erblich bedingte organische Defizite und Defekte auftreten, einschließlich zentralnervöser Mechanismen. So etwas geschieht vermehrt dann, wenn Rassen modern und infolgedessen aus Gründen des Geldverdienens stark vermehrt werden. Bei dieser Zuchtauslese wird das Verhalten nun ganz außer acht gelassen – nur das begehrte Exterieur interessiert. So geschehen bei Golden Retrievern, die in jüngster Zeit zunehmend sog. idiopathische Aggressionen zeigen: aus heiterem Himmel Menschen oder Artgenossen anfallen. Idiopathisch heißt, daß nicht bekannt ist, was dieses

16. Verhaltenstörungen und „Problemverhalten" bei Hund und Katze

plötzliche Angriffsverhalten auslöst. Genetische Defekte sind naheliegend, da Tiere mit diesen Symptomen gehäuft in bestimmten Zuchtlinien auftraten.

Wie soll man sich bei Verhaltensstörungen von Hunden verhalten?

Unter den erworbenen Verhaltensstörungen können insbesondere die früh entstandenen neuronalen Entwicklungsschäden hochstabil sein, was heißt, daß sie nicht leicht und nicht schnell zu beeinflussen sind. Andererseits sei betont, daß Hunde lebenslang lernen – und auch umlernen können. Wichtig erscheint mir, völlig verstörte Hunde, die nicht ansprechbar sind, nicht zu bedrängen, sie in Ruhe zu lassen und sich gelassen und selbstverständlich gewohnten Aktivitäten zu widmen. Es ist wichtig zu registrieren, ob und wann diese Tiere beginnen, vorsichtig das Haus zu erkunden. Alles sollte selbstverständlich sein. Wenn die Tiere von sich aus Kontakt aufnehmen, sollte er nicht zu überschwenglich und aufdringlich erwidert werden, weil sie sonst zu schnell überfordert wären. In machen Fällen ist es gut, Hunde von Freunden zu sich zu holen und sie z.B. im Garten oder in einiger Entfernung zur Wohnung oder zum Haus spielen zu lassen. Spielt unser Neuankömmling mit, ist viel gewonnen. Es gilt also, ihn langsam und mit viel Geduld aus seiner „Erstarrung" zu befreien. So etwas dauert manchmal Tage, manchmal Monate. In Ausnahmefällen können die Schäden auch unumkehrbar sein. Meiner Erfahrung nach aber stehen die Chancen nicht schlecht, wenn Geduld, Einfühlungsvermögen und Grundkenntnisse vorhanden sind.

Sind Fortschritte erkennbar, sollte der Besitzer von Woche zu Woche in kleinen Lernschritten all das nachholen, was zur rechten Zeit versäumt wurde: das Erkunden der Umwelt und der Umgang mit Sozialpartnern. Eine Therapie wird allerdings dadurch erschwert, daß in der Regel nichts von der Vorgeschichte der Tiere bekannt ist. Dennoch sollte man sich in schweren Fällen Rat bei einem Tierarzt mit einer Zusatzausbildung in Verhaltenstherapie holen. Denn es gibt etliche lernbiologische Therapien, die nach einem minutiös erstellten Therapieplan vom Besitzer durchgeführt werden können – unter ausreichender Kontrolle des Tierarztes selbstverständlich. In bestimmten Fällen können Medikamente die Therapie erleichtern. Allerdings können Verhaltensstörungen, die auf genetische Defekte zurückzuführen sind, nicht entscheidend beeinflußt werden.

Katzen

Auch für Katzen gilt, daß sie später um so anhänglicher Menschen gegenüber sein werden, je früher und je öfter sich Menschen – möglichst verschiedene Personen – während der „sensiblen Phase" mit ihnen beschäftigen. Bei Katzen findet diese Phasenspezifität früher statt – zwischen der dritten und sechsten Lebenswoche. Sie endet also, wenn das

16. Verhaltensstörungen und „Problemverhalten" bei Hund und Katze

junge Kätzchen noch bei seiner Mutter sein muß. Soziales Lernen hingegen findet auch durchaus noch nach der Entwöhnung statt. Rosemarie Schär, die sich seit langem mit dem Katzenverhalten auseinandersetzt, betont jedoch, daß es Charakteristika im Katzenverhalten gibt, die Persönlichkeitsmerkmalen gleichkommen und sich z.T. nicht ändern. Erregbarkeit, Aggressivität, Dulden von nahem Körperkontakt u.a. gehören dazu.

So ist es wichtig, sich Katzenpersönlichkeiten genau anzusehen – und Katzen nicht nach dem Aussehen auszuwählen. Wichtig zu wissen ist, daß die Kätzchen menschensozialisiert sind. Die Verhaltensmerkmale sind beim älteren Tier besser festzustellen als beim Kätzchen. Deshalb empfehlen Katzenethologen, auch aus diesem Grunde, die Adoption eines älteren Tieres aus dem Tierheim.

Katzen sind offensichtlich weniger menschenabhängig in ihrer Entwicklung, sie passen sich auch wahrscheinlich nicht ganz so problemlos wie Hunde den verschiedenen Lebensbedingungen an – wenn nur der Mensch dabei ist. Ein Grund dafür dürfte in der kürzeren Domestikationszeit der Katze liegen.

Daten über das normale Katzenverhalten, über ihre Ökologie und Studien über die Beziehung zwischen den Katzenhaltern und ihren Katzen sind rar. Da treffen sich Hund und Katze wieder.

Bei Katzen scheinen nicht die Verhaltensstörungen im eigentlichen Wortsinn zu dominieren, vielmehr gibt es häufig Probleme bestimmter Mensch/Katze-Paare oder mehrerer Katzen in Menschenobhut.

Diese Probleme entstehen aus fehlenden Kenntnissen über das normale Verhalten von Katzen und aus einer falschen Einstellung und falschen Erwartungen gegenüber der Katze.

Definition

Ein solches „Problemverhalten" infolge Vermenschlichung und daraus resultierender Über- und Unterforderungen gleichermaßen gibt es auch bei Hunden. Übergänge zu Verhaltensstörungen mit neurobiologischen Änderungen sind fließend. „Problemverhalten" ist problematisch für den Besitzer und dessen Umgang mit einem Tier. Es ermöglicht dem Hund oder der Katze in der Regel aber noch, ohne Entwicklung von Verhaltensstörungen mit recht tierfremden Umgebungsbedingungen, den Menschen einbezogen, fertigzuwerden.

Problemverhalten beim Hund

Dem „Problemverhalten" liegen in der Regel ursächlich Konflikte zwischen Hunden und Haltern zugrunde, zurückzuführen auf ungenaue oder fehlende Kenntnisse der biologischen Möglichkeiten und Grenzen der Kommunikation mit Hunden. Das hundliche Ausdrucksverhalten, zuverlässiger verhaltensbiologischer Anzeiger hundlicher Befindlichkeit, sollte zum Erkennen auch des „Problemverhaltens" interaktiv, also in der Auseinandersetzung mit dem kommunizierenden Menschen genutzt werden.

16. Verhaltensstörungen und „Problemverhalten" bei Hund und Katze

„Problemverhalten" ist häufig schlicht als „ritualisiertes Mißverständnis" zwischen Hund und Mensch zu charakterisieren.

Mit „ritualisiert" ist hier die Entwicklung einer „mißverständlichen" Kommunikation zwischen Hund und Mensch gemeint, indem sich aus dem zunächst noch variablen Verhalten des Welpen stärker formkonstante Verhaltensfolgen herausbilden, die zum Vorteil für eine individuelle Hunde-Mensch-Beziehung zu sein scheinen, so gerade auch Verhaltensweisen, die regelmäßig vom Menschen mißverstanden werden.

Ein Beispiel: Verhaltensweisen, die uns nicht gefallen, das Durchknabbern von Kabeln, Ausgraben von Zimmerpflanzen, Abreißen von Tapetenstreifen etc., die jedoch für lebhafte und neugierige Welpen normal sind, erzeugen regelmäßig Aufmerksamkeit. So kommt es zu einem plötzlichen, erregten Aufspringen, Menschen schreien, die sich vorher um den Hund nicht kümmerten. Es wird geschimpft, beiseitegenommen – der Hund findet Beachtung. Das kommt dem sozialen Lebewesen ja durchaus entgegen – die Langeweile z.B. hat ein Ende. Aber so lernen Hunde sehr schnell, Verhaltensweisen, die für Menschen problematisch sind, zum Beginn einer Kommunikation mit ihrem Menschen einzusetzen.

Das heißt, Aufspringen und wortreiche Kommentierung eines Verhaltens erzeugt beim Hund fortan genau das vom Menschen nicht gewollte Verhalten. Auch wenn es schwer zu fallen scheint – Nichtbeachtung wäre hier besser angebracht.

Ein anders Beispiel: Werden bellende Hunde wortreich, vielleicht mit lauter und hoher Stimme, vom Menschen aufgefordert, wegen der Nachbarn nun endlich ruhig zu sein, müssen sie diese „aufgeregte Gerede" ihres menschlichen Partners nun ihrerseits erst recht durch Bellen fortsetzen. Hunde haben kein Wortverständnis – was da geredet wurde, wissen sie nicht. Für sie reagierte der Mensch auffordernd – es kommt aus der Sicht des Hundes zu einem gemeinsamen Chorbellen – Schimpfen, gut für den Gruppenzusammenhalt. Für den Hund wurde damit das Ziel seiner akustischen Aufforderung erreicht. Für den Menschen nicht.

Noch ein Beispiel: Der Hund läuft laut bellend einem Artgenossen hinterher. Die anwesenden Menschen vermuten einen Angriff und verfolgen nun ihrerseits schreiend ihren Hund. Dieser muß sich dadurch nun bestätigt fühlen, denn im Sinne einer Gruppenaggression machen seine Menschen ja mit, unterstützen ihn, fordern ihn förmlich auf. Und jetzt wird er wirklich bzw. gezielter angreifen. Wichtig für das Verständnis dieser Verhaltensweisen ist ein Umgang, ist eine Kommunikation mit dem Hund, die dieser angeborenerweise nachvollziehen kann. Verfeinerungen der Verständigung Hund-Mensch können auf dieser Grundlage wesentlich leichter gelernt, also mit unseren Handlungsabsichten verbunden werden.

16. Verhaltenstörungen und „Problemverhalten" bei Hund und Katze

Problemverhalten bei Katzen

Rosemarie Schär nennt drei hauptsächliche Methoden, wie man problematisches Verhalten bei Katzen beeinflussen kann:
- das Verändern der Umgebung,
- das Ändern des Verhaltens des Besitzers und seiner Einstellung gegenüber der Katze,
- medizinische oder chirurgische Behandlung des Tieres.

Ein paar Beispiele mögen mögliche Probleme und deren Behebung aufzeigen: Kot- und Urinabsetzen am „falschen" Ort ist oftmals Ausdruck der Schwierigkeiten, die die Katze mit dem Katzenklo haben kann. So sollte das Katzenklo nicht neben der Futterschüssel stehen, eventuell ist das Katzenklo nicht sauber genug, oder die Art des Katzensandes wird nicht gemocht.

Das Setzen von Urinmarken gehört zum normalen Katzen- und Katerverhalten. Aber auf plötzliche Änderungen der Lebensumstände (neuer Artgenosse kommt ins Haus, soziale Umstrukturierung: z.B. Säugling) wird von vielen Katzen mit verändertem Kot- und Urinabsetzen reagiert.

Das Kratzen am Sessel, zur Krallenpflege ausgeführt, stört den Katzenhalter. Für dieses normale Komfortverhalten sollten Kratzpfosten aufgestellt werden. Das Kratzen ist aber auch als Markierung zu verstehen (visuell und chemisch) und kann in Anwesenheit von Artgenossen Imponier- oder Drohverhalten bedeuten.

Das Klettern auf Möbel kann durch Aufstellen von Klettergerüsten oder -bäumen verringert oder gar ganz verhindert werden. Klettern gehört zum Verhaltensrepertoire der Katze, und es muß reinen Wohnungskatzen ermöglicht werden.

Das Beutefangverhalten ist angeboren. Freilaufende Katzen werden immer wieder tote oder noch lebende Mäuse oder Vögel ins Haus bringen. Das Beutespiel ist normales Katzenverhalten, es kommt bei Haus- und Wildkatzen vor. Probleme mit Artgenossen treten auf, wenn etwa einer Wohnungskatze, die allein lebte, ein Artgenosse zugesellt wird. Nach Rosemarie Schär ist es immer vorteilhaft, zwei Jungtiere zusammen zu nehmen, weil diese noch flexibel sind und sich einander leicht anpassen. Es kommt vor, daß sich zwei ältere Katzen einfach

So ein Puppenwagen ist doch ein feines Plätzchen!

16. Verhaltenstörungen und „Problemverhalten" bei Hund und Katze

nicht verstehen, und die Situation ändert sich schlagartig, wenn eine der älteren durch eine Jungkatze, die sich unterordnet, ersetzt wird. Insgesamt gilt, daß derjenige, der zwei oder mehrere Katzen halten will, gesellige Katzen wählt, und die Einzelkatze sollte zu den Einzelgängern gehören.

Probleme mit Menschen

Scheue Katzen sollten, wie bereits für Hunde ausgeführt, nicht überfordert werden, sondern zunächst in Ruhe gelassen werden, bis sie von sich aus Kontakt aufnehmen. Sie können außerordentlich anhänglich werden. Katzen, die ausgeprägt aggressiv im Umgang mit ihren Besitzern sind, werden ruhiger und ausgeglichener, wenn sich diese mehr Zeit zum Umgang mit ihnen nehmen und viel mit ihnen spielen.

Katzen aus Tierheimen sind nicht immer jung und werden ihre Wesensmerkmale kaum nach dem Geschmack der neuen Besitzer ändern. Diese sollten vielmehr die Katze beobachten, ihre Eigenarten kennenlernen – und damit leben. Wichtig ist, sich vorher nach der Art der Katze zu erkundigen: Wie steht es mit ihrer Spielfreudigkeit, ihrer Anhänglichkeit und ihrem Temperament?

Auch sollte sich jeder Katzenhalter Grundkenntnisse zum Katzenverhalten aneignen. Reine Wohnungskatzen haben sich mit sehr unnatürlichen Lebensräumen auseinanderzusetzen – und sind oft überfordert. Eine katzenansprechende Raumstrukturierung oder die Möglichkeit der Raumerweiterung sind nur einige Anregungen, den wohnlichen Lebensraum attraktiver und abwechslungsreicher zu gestalten:

- ein mit Draht gesicherter Balkon, damit die Katze nicht herunterfallen kann,
- Sitzplätze am Fenster, um Beobachtungsmöglichkeiten zu schaffen,
- in der Wohnung sollten Unterschlupfmöglichkeiten vorhanden sein (Pappkartons), Klettermöglichkeiten, Beobachtungsmöglichkeiten von höher gelegenen Plätzen.

Und, nicht zu vergessen, soziale Katzen brauchen Sozialkontakte.

Folgende Literatur fand Verwendung:
Bernauer. Münz, H. und Ch. Quandt: Problemverhalten beim Hund. Gustav Fischer, Jena, Stuttgart, 1995.
Feddersen-Petersen, D. und F. Ohl: Ausdrucksverhalten beim Hund. Gustav Fischer, Jena, Stuttgart, 1995.
Hassenstein, B.: Verhaltensbiologie des Kindes. Piper, München, 1987, 4. Auflage.
Schär, Rosemarie: Die Hauskatze. Ulmer, 1989, 3. Auflage.
Scott, J.P.: Genetics and the Social Behavior of the dog. The University of Chicago Press, Chicago & London, 1965.

16. Verhaltensstörungen und „Problemverhalten" bei Hund und Katze

Dr. Dorit Urd Feddersen-Petersen
Institut für Haustierkunde
Christian-Albrechts-Universität zu Kiel

Kurzvita
1967-1973: Studium der Tiermedizin an der Tierärztlichen Hochschule Hannover
1973-1974: Praxistätigkeit
1974: Beginn wissenschaftlicher Arbeit am Institut füt Haustierkunde der Christian-Albrechts-Universität in Kiel
1975: Wissenschaftliche Assistentin
1978: Promotion mit einer verhaltens-biologischen Dissertation über Pudel, Goldschakale und Hybriden
1980: Fachtierärztin für Verhaltenskunde

Fortführung vergleichender Verhaltensuntersuchungen an Wild- und Haushunden (Wölfe, Koyoten, Goldschakale, Rotfüchse, verschiedene Hunderassen, Bastarde zwischen Wild- und Haushunden),Untersuchungen zur Entwicklung verschiedener Hunderassen bein Züchter und Hundehalter, Arbeiten zur Hund-Mensch-Beziehung, tierschutzorientierte Grundlagenforschung an Haushunden (Umweltansprüche verschiedener Hunderassen, lernbiologische Analysen (Blindenführhunde, Schutzhunde, Jagdhunde), Auswirkungen züchterischer Manipulationen im Bereich des Aggressionsverhaltens von Hunden u.v.m. Schwerpunkte: Verhaltensentwicklung, Sozialspiel, Ausdrucksverhalten, Aggression. Insgesamt wurden bislang 18 Hunderassen verhaltensbiologisch untersucht.

Bücher: „Hundepsychologie", erschienen 1986 Francking-Kosmos, 1993 2. Auflage
„Hunde und ihreMenschen", erschienen 1992 Francking-Kosmos, 1993 2. Auflage
1992: Verleihung des Felix-Wankel-Tierschutzforschungspreises für „Hunde und ihre Menschen" und der diesem Buche zugrunde liegenden Forschungsarbeit.

„Fortpflanzungsverhalten beim Hund", erschienen 1994 bei Gustav Fischer, Jena, Stuttgart.
„Ausdrucksverhalten beim Hund", erschienen 1995 bei Gustav Fischer, Jena, Stuttgart. (Co-Autorin: Frauke Ohl).
„Sozialverhalten des Hundes" erscheint im Frühjahr 1997 bei C.H. Beck, München.
Mitgliedschaft u.a.: Ethologische Gesellschaft (bis 1994 im Erweiterten Vorstand), Gesellschaft für Säugetierkunde (bis 1994 als 2. Vorsitzende); Deutsche Vet.med. Gesellschaft, Internationale Gesellschaft für Nutztierhaltung (IGN), ESVCE (European Society for Veterinary Clinical Ethologie: Meeting Secretary), Deutsche Tierärztekammer: Mitglied des Tierschutzausschusses.
Schleswig-Holsteinische Tierärztekammer: Mitglied des Tierschutzausschusses.
1996: Zusatzbezeichnung: Tierschutzkunde.
Seit WS 1995/96: Lehrauftrag „Haustierethologie" an der Universität Leipzig, Vet.med. Fakultät.

17. Anhang

1. TIERVERMITTLUNGS-SENDUNGEN IM FERNSEHEN

Westdeutscher Rundfunk:
„Tiere suchen ein Zuhause"
Sendeplatz: 14tägig in WDR – Fernsehen:
Sonntag, 18.20 - 18.50 Uhr
Wdh.: Montag, 16.30 - 17.00 Uhr
Redaktion: Gina Göss
Moderation: Claudia Ludwig

Bayerischer Rundfunk:
„Wir suchen ein Zuhause"
Sendeplatz: monatlich in Bayern 3:
Mittwoch, 19.00 Uhr
Wdh.: Donnerstag, 12.02 Uhr
Redaktion: Michael Müller
Moderation: Hans Clarin

Hessischer Rundfunk:
„Herrchen gesucht. Herrenlose Tiere suchen ein Zuhause."
Sendeplatz: wöchentlich in Hessen 3:
Montag, 19.00 Uhr
Wdh.: Dienstag, 16.00 Uhr
Redaktion: Claudia Ludwig
Moderation: Barbara Tietze-Siehl

Mitteldeutscher Rundfunk:
„Tierisch- Tierisch. Tiere suchen Freunde"
Sendeplatz: wöchentlich in MDR 3:
Mittwoch, 19.50 Uhr
Wdh.: Donnerstag, 12.45 Uhr + Freitag, 6.10 Uhr
Redaktion: Claudia Voß
Moderation: Ute Bresan

Ostdeutscher Rundfunk Brandenburg:
„In gute Hände abzugeben. Tiere suchen Menschen."
Sendeplatz: monatlich in ORB 3:
jeden 1. Samstag im Monat: 19.00 Uhr
Redaktion: Dagmar Fambach
Moderation: Roswitha Puls

Österreichischer Rundfunk:
„Wer will mich?"
Sendeplatz: wöchentlich in ORF II:
Samstag, 17.35 Uhr
Redaktion: Ilse Krula
Moderation: Edith Klinger

Kurzfristig können sich die Sendetermine ändern. Außerdem kann kein Anspruch auf Vollständigkeit erhoben werden.

2. KONTAKTADRESSEN

Tierschutzorganisationen

1. DACHVERBÄNDE
Auswahl von Verbänden und Organisationen, die bisher mit dem WDR zusammengearbeitet haben.

17. Anhang

Deutschland:
DTschB – Deutscher Tierschutzbund e.V.
Baumschulallee 15
53 115 Bonn
Tel.: 02 28 - 6 04 96 - 0
Fax: 02 28 - 6 04 96 - 40
Präsident: Wolfgang Apel
Zentrales Haustierregister:
Tel.: 02 28 - 69 77 01

Landestierschutzbund Nordrhein-Westfalen e.V.,
Kleinherbeder Str. 23
44 892 Bochum
Tel.: 02 34 - 29 59 49
1. Vorsitzender: Dr. Klaus Drawer

BMT – Bund gegen den Mißbrauch der Tiere e.V. – (Bund gegen Vivisektion)
Viktor-Scheffel-Straße 15
80 803 München
Tel.: 089 - 38 39 520
Fax: 089 - 38 39 52 23
Bundesvorsitzende: RA Jutta Breitwieser

BMT – Landesverband Nordrhein-Westfalen, Vorsselsweg 2
47 506 Neukirchen-Vluyn
Tel.: 0 28 45 - 37 557 + 37 558
Fax: 0 28 45 - 37 558

BMT – Geschäftstelle Köln, Iddelsfelder Hardt
51 069 Köln (Dellbrück)
Tel.: 02 21 - 68 49 26

BMT – Geschäftsstelle Bergisch-Land,
Glatzer Str. 26
51 069 Köln
Tel.: 02 21 - 60 37 67

BVT – Bundesverband Tierschutz – Arbeitsgemeinschaft Deutscher Tierschutz e.V.
Walpurgis Straße 40
47 441 Moers
Tel.: 0 28 41 - 252 44/ 45/ 46
Fax: 0 28 41 - 2 62 36

Bundesverband der Tierversuchsgegner – Menschen für Tierrechte e.V.
Roermonderstr. 4 a
52 072 Aachen
Tel.: 02 41 - 15 72 14
Fax: 02 41 - 15 56 42
1. Vorsitzender: RA Dr. Eisenhart von Loeper

Österreich:
Zentralverband der Österreichischen Tierschutzvereine e.V. & Wiener Tierschutzverein e.V.
Khieslplatz 6
A – 11 20 Wien
Tel.: 01 - 8 04 77 74
Präsidentin: Lucie Loubé

Schweiz:
STS – Schweizer Tierschutz e.V. – Zentralsekretariat
Dornacker Straße 101
CH – 4052 Basel
Tel.: 0 61 - 3 11 21 10

2. TEILNEHMER-VEREINE VON „TIERE SUCHEN EIN ZUHAUSE"

Ca. neunzig Vereine – von A wie Aachen bis W wie Wuppertal: Es folgen nun in alphabetischer Reihenfolge der Ortsna-

17. Anhang

men die Organisationen, die seit dem Start von „Tiere suchen ein Zuhause" an unserer Sendung teilgenommen haben, damit Sie auch hier rasch eine Telefonnummer nachschlagen können, falls Sie sich einmal für ein Tier interessieren sollten.[32]

● Aachen:
TSV Aachen, Feldchen 26, Aachen, Tel.: 02 41 - 15 46 76, Fax: 15 69 13
Bad Driburg: s. Höxter

● Bad Honnef:
TSV Bad Honnef, Postfach 11 06, Bad Honnef, Tel.: 0 26 45 - 48 64

● Bad Salzuflen:
Tierschutz Bad Salzuflen-Lemgo, Eichendorfstr. 16, Bad Salzuflen, Tel.: 0 52 22 - 5 82 44

● Bergheim:
TSV Bergheim, Am Villerand, Bergheim-Niederaussem, Tel.: 0 22 71 - 5 40 20

● Bielefeld:
TSV Bielefeld, Kampstraße 134, Bielefeld, Tel.: 05 205 - 70 261
Die Tier-Lobby Bielefeld, Hauptmannsfeld 38, Bielefeld, Tel.: 0 52 06 - 63 69

● Bocholt:
TSV Bocholt, Wiener Allee 28, Bocholt, Tel.: 0 28 71 - 1 39 62, Fax: 18 59 41

● Bochum:
TSV Bochum, Kleinherbederstr. 23, Bochum, Tel.: 02 34 - 29 59 50

Tierhilfe Bochum, Brockhauserstr. 13 a, Bochum, Tel.: 02 34 - 79 70 74
Pferdehilfe Bochum, Frauke Burkhardt, Meinholtweg 16, 44879 Bochum, Tel.: 02 34 - 41 10 04

● Bonn:
TSV Bonn, Lambareneweg 2, Bonn, Tel.: 02 28 - 63 69 95, Fax: 63 47 00

● Bottrop:
Tierfreunde + Tierheim Bottrop, Wilhelm-Tell-Str. 65, Bottrop, Tel.: 0 20 41 - 9 38 48

● Detmold:
Tierschutz der Tat + Tierheim Detmold, Zum dicken Holz 19, Detmold, Tel.: 0 52 31 - 2 44 68

● Dinslaken:
Institut für Papageienforschung, PF 30 00 59, 46 530 Dinslaken, Tel.: 0 23 62 - 4 55 74

● Dormagen:
TSV Dormagen, Bergiusstr. 1, Dormagen, Tel.: 0 21 06 - 6 18 48

● Dorsten:
TSV Dorsten, Ellerbruchstraße 60, Dorsten, Tel.: 0 23 62 - 76 179

● Dortmund:
Dortmunder Katzenschutzverein, Postfach 10 21 24, Dortmund, Tel.: 02 31 - 17 37 97 [33] (= Info-Büro: Mo, Mi + Do v. 17.30 – 20.00h)

17. Anhang

● Duisburg:
Tierheim Duisburg, Lehmstr. 12, Duisburg,
Tel.: 02 03 - 31 07 83
Tierfreunde Duisburg, Salzachstraße 13,
Duisburg, Tel.: 02 03 - 76 36 95 +
71 93 17
Tierhilfe Duisburg, Düsseldorfer Str. 184
+ Kommandantenstr. 27, Duisburg,
Tel.: 02 03 - 37 13 52 + 66 27 91
Katzenschutzbund Duisburg, Dahlstr. 93,
Duisburg – Hamborn-Marxloh,
Tel.: 02 03 - 40 75 56
„Pro Animale" Duisburg, Rosenau 12,
Duisburg, Tel.: 02 03 - 43 55 88

● Dülmen:
TSV Dülmen, Stripperhoog 51, Coesfeld-
Lette, Tel.: 0 25 46 - 70 60, Fax: 15 75

● Düren:
TSV Düren, Am Tierheim 2, Düren,
Tel.: 0 24 21 - 50 54 67

● Düsseldorf:
Privater Tierschutz (Mitglied im Katzen-
schutzbund), Vogelsanger Weg 183 A,
Düsseldorf, Tel.: 02 11 - 63 75 13

● Ennepetal:
Interessengemeinschaft „Tiere in Not"
Ennepetal, Meisenweg 8, Ennepetal,
Tel.: 0 23 33 - 42 32

● Essen:
TSV Groß-Essen, Grillostr. 24, Essen,
Tel.: 02 01 - 32 62 62
Katzenschutzbund Essen/ Cat-Sitter-Club
Gantenbergstr. 13, Essen, Tel.: 02 01 - 59
30 81, Fax: 02 01 – 51 27 01 +
02 08 – 37 01 97

● Finnentrop: s. Olpe

● Gütersloh:
Tierheim Gütersloh, In der Worth 116,
Gütersloh, Tel.: 0 52 41 - 94 80 60

● Hagen:
„Stimme der Tiere" e.V., Asternstr. 8,
Sprockhövel, Tel.: 0 23 39 - 21 04 +
0 23 51 - 7 99 29
Tiernothilfe Hagen, Schultenhardtstr. 6,
Hagen, Tel.: 0 23 31 - 5 19 74

● Haltern: s. Marl

● Halver:
Nordische in Not (Polarhunde),
Magdheide 1, Halver, Tel.: 0 23 53 - 36 08

● Heinsberg:
TSV Heinberg, Wassenberger Straße 18,
Hückelhoven, Tel.: 0 24 32 - 34 03

● Herford:
TSV Herford, Nachtigallstr. 4,
Hiddenhausen, Tel.: 0 52 23 - 8 66 15
„Bullterrier in Not", Bielefelderstr. 291,
Herford, Tel.: 0 52 21 - 39 39 +
01 72 - 39 93 016, Fax: 0 52 21 - 33 287

● Herne:
TSV Herne-Wanne, Hofstr. 51, Herne,
Tel.: 0 23 25 - 6 24 13

● Hilden:
TSV Hilden, Im Hock 7, Hilden,
Tel.: 0 21 03 - 5 45 74

17. Anhang

- Hofgeismar (Nordhessen):
VST – „Verein zum Schutz mißhandelter und herrenloser Tiere" Hofgeismar (hauptsächlich Katzen), Hauptstr. 2, Hofgeismar, Tel.: 0 56 75 - 74 94 0

- Höxter:
TSV „Tiere in Not" Höxter/Warburg, Zur Kohlstätte 46, Bad Driburg, Tel.: 0 52 53 - 18 11 + Fax

- Iserlohn:
TSV Iserlohn, Hugo-Schultz-Str. 15, Iserlohn, Tel.: 0 23 71 - 4 12 93

- Jülich:
Tierhilfe Jülich, Römerstraße 59, Jülich, Tel.: 0 24 61 - 5 30 76

- Kalletal:
TSV Franziskushof (hauptsächlich Katzen), Echternhagen 13, Kalletal, Tel.: 0 52 64 - 71 64

- Kleve:
Tierheim Kleve, Keekenerstraße 40, Kranenburg-Mehr, Tel.: 0 28 26 - 9 20 60

- Köln:
„Bund gegen den Mißbrauch der Tiere" + Tierheim Dellbrück, Iddelsfelder Hardt, Köln-Dellbrück, Tel.: 02 21 - 68 49 26
Katzenschutzbund/Cat-Sitter-Club Köln, Kupfergasse 23, Köln-Porz, Tel.: 0 22 03 - 23 55 6 + Fax
„Menschen für Tiere – Tiere für Menschen", Köln, Klosterweg 14, Köln-Porz, Tel.: 0 22 03 - 14 26 8

„Verein zur Verhinderung von Tierquälerei", Fliederweg 6, Köln, Tel.: 02 21 - 50 41 78
„Tiere in Not" Köln, Bonner Str. 310 L, Köln + Kreuzstr. 124, Hürth, Tel.: 0 22 33 - 46 30 + 02 21 - 37 55 73
Frettchen-Verein, Merkenicherstr. 88 b, Köln, Tel.: 02 21 - 7 12 41 18

- Kürten:
TSV Rheinisch-Bergischer-Kreis, Oberblissenbach 22 b, Kürten, Tel.: 0 22 07 - 14 41

- Langenfeld: s. Monheim

- Lengerich:
TSV Lengerich, Setteler Damm 75, Lengerich (Westf.), Tel.: 0 54 81 - 41 46

- Lemgo: s. Bad Salzuflen

- Leverkusen:
Tierschutzzentrum Leverkusen, Reuschenbergerstr. 100, Leverkusen, Tel.: 0 21 71 - 29 94 01, Fax: 29 94 38

- Lüdenscheid:
TSV Lüdenscheid, Tierheim Dornbusch, Dornbusch 1, Schalksmühle, Tel.: 0 23 55 - 63 16

- Marl:
TSV Marl/Haltern, Knappenstraße 81, Marl, Tel.: 0 23 65 - 2 19 42 + 22 16 7

- Mechernich:
TSV Mechernich, Ginsterweg 7, Mechernich (Eifel), Tel.: 0 24 43 - 90 12 78

17. Anhang

● Meinerzhagen:
TSV Meinerzhagen, Ahornstraße 6, Meinerzhagen, Tel.: 0 23 54 - 43 05

● Minden:
TSV Minden, Werftstraße 36 b, Minden, Tel.: 05 71 - 4 11 09

● Moers:
TSV Moers, Am Peschkenhof 34, Moers, Tel.: 0 28 41 - 2 12 02

● Monheim:
TSV Monheim/Langenfeld, Johann-Sebastian-Bach-Str. 94 + Karl-Langhans- Straße. 37 , Monheim, Tel.: 0 21 73 - 93 89 57

● Münster:
TSV Münster, Dingstiege 71, Münster, Tel.: 02 51 - 32 62 80, Fax: 32 67 18
Nettetal: s. Niederrhein

● Niederrhein:
Tierhilfe Niederrhein, Am Kreuzgarten 24, Nettetal, Tel.: 0 21 63 - 38 10

● Neuss:
TSV Neuss, Im Kamp 16, Neuss-Bettikum, Tel.: 0 21 37 - 66 72
Nümbrecht: s. Oberberg

● Oberberg:
TSV Oberberg, Grunewald 6, Nümbrecht, Tel.: 0 22 93 - 70 89

● Oekoven: s. Rommerskirchen

● Olpe:
Katzenhilfe Kreis Olpe, Kepler Weg 3, Finnentrop, Tel.: 0 27 61 - 6 34 40

● Papenburg:
TSV Papenburg, Hermann-Lange-Str. 5, Papenburg, Tel.: 0 49 61 - 35 58

● Paderborn:
TSV Paderborn, Hermann-Löns-Str. 72, Paderborn – Schloß Neuhaus, Tel.: 0 52 54 - 1 23 55
„Bund für Tier- u. Naturschutz" Paderborn, Dr. Vockel-Str. 2, Paderborn, Tel.: 0 52 54 - 1 33 54
Privater Tierschutz, Bad Lippspringer Str. 28, Paderborn, Tel.: 0 52 52 - 62 88

● Ratingen:
Tierhilfswerk[34] Ratingen, Karl-Loewe-Str. 10, Ratingen, Tel.: 0 21 02 - 18 51 70 (Geschäftsstelle), Tel.: 0 21 02 - 80 524 (f. Hunde) + 0 20 54 - 58 34 (f. Katzen)

● Recklinghausen:
„Gesellschaft der Stadtgartenfreunde" + Natur- und Tierschutzverein Recklinghausen, Waldstraße 2 a, Recklinghausen, Tel.: 0 23 61 - 6 75 93

● Remscheid:
TSV Remscheid, Schwelmer Str. 86-88, Remscheid-Lennep, Tel.: 0 21 91 - 6 40 80

● Rheine:
TSV Rheine, Salzbergenstr. 71 c, Rheine, Tel.: 0 59 - 54 790
Katzenhilfe Rheine, Meyscheperstr. 3, Rheine, Tel.: 0 59 71 - 53 886 + 71 77 40

17. Anhang

- Rommerskirchen:
Tierheim Oekoven, Neuratherstr. 1,
Rommerskirchen-Oekoven,
Tel.: 0 21 83 - 75 92

- Schleiden:
„Menschen f. Tiere – Tiere f. Menschen",
Römerstr. 30, Schleiden,
Tel.: 0 24 44 - 91 11 38 + Fax

- Siegburg:
„Windhunde in Not", Auf dem Kellersberg, Siegburg-Seligenthal,
Tel.: 0 22 42 - 33 58

- Siegen:
TSV Siegen, Heidenbergstr. 80, Siegen,
Tel.: 02 71 - 31 06 40

- Soest:
TSV Soester Börde + Tierheim, Birkenweg 10, Soest, Tel.: 0 29 21 - 1 52 41

- Solingen:
TSV Solingen, Strohner Hof 3, Solingen,
Tel.: 02 12 - 4 20 66

- Troisdorf:
TSV Troisdorf, Siebengebirgsallee 105, Troisdorf, Tel.: 0 22 41 - 7 62 20

- Velbert:
TSV Velbert, Langenbergerstraße 92-94, Velbert, Tel.: 0 20 51 - 2 33 28

- Vlotho:
TSV Vlotho, Tierheim Eichenhof, Brommersiek 18, Vlotho, Tel.: 0 57 33 - 56 65

- Wanne: s. Herne

- Warburg: s. Höxter

- Wipperfürth:
TSV Wipperfürth, Gaulstr. 36, Wipperfürth, Tel.: 0 22 67 - 37 70

- Wermelskirchen:
TSV Wermelskirchen, Am Aschenberg 1, Wermelskirchen, Tel.: 0 21 96 - 56 72

- Witten:
TSV Witten, Wetterstraße 77, Witten,
Tel.: 0 23 02 - 64 450

- Wuppertal:
TSV Wuppertal, Zur Waldkampfbahn 42, Wuppertal, Tel.: 02 02 - 73 51 36
„Pro Animale" Wuppertal, Heinrich-Feuchter-Weg 22, Wuppertal,
Tel.: 02 02 - 57 12 65
Privater Tierschutz, Am Schnapsstüber 51, Wuppertal, Tel.: 02 02 - 70 34 29,
Fax: 70 69 54
Tierinitiative Wuppertal, Herzkamper Str. 3, Wuppertal-Elberfeld,
Tel.: 02 02 - 70 72 29

3. LITERATURHINWEISE [35]

- Alderton, David: „Hunderassen",
München: BLV, [1]1995, 303 Seiten,
ISBN 3-405-14733-6; 49,90 DM

- Arndt, Thomas: „Papageien – ihr Leben in Freiheit", Walsrode: Horst Müller, [1]1986, 192 Seiten,
ISBN 3-923-26925-0; 98 DM

17. Anhang

- Breda-Betting, Bethina: „Findling und Balthasar", Stuttgart: Frankh-Kosmos, 1993, 144 Seiten, ISBN 3-440-06610-X, 19,80 DM

- Day, Christopher: „Homöopathischer Ratgeber HEIMTIERE. Erprobte Rezepturen", München: BLV, [1]1992, 223 Seiten, ISBN 3-405-14270-9; 28 DM (läuft laut Verlag aber demnächst aus!)

- Deimer, Petra: „Papageien und Sittiche", Nürnberg: Tessloff, [1]1992, 48 Seiten, ISBN 3-7886-0634-7; 13,80 DM

- Drossard, Marga/Letschert, Ursula: „Naturheilkunde für Kleintiere", Darmstadt: Pala, [1]1995, 156 Seiten, ISBN 3-89566-105-8; = eine aktualisierte Neuauflage des 1985 im Düsseldorfer Econ-Verlages erschienenen Taschenbuchausgabe gleichen Titels

- Ghosh, Inge: „Naturheilkunde für Hunde", Darmstadt: Pala, [1]1995, 142 Seiten, ISBN 3-89566-104-X; = ebenfalls eine aktualisierte Neuauflage des 1985 im Düsseldorfer Econ-Verlages erschienenen Taschenbuchausgabe gleichen Titels

- Institut für Papageienforschung: „Grundfragen der Papageienhaltung", Oberhausen: [2]1994, gegen Vorauskasse und 3 DM Porto direkt erhältlich bei der IPF-Geschäftsstelle in Dinslaken, Postfach 30 00 59, 46530 Dinslaken

- Ludwig, Claudia: „Ein neues Zuhause für Streuner und Tierheimhund", Niedernhausen/Ts.: Falken, [1]1994, 112 Seiten, ISBN 3-8068-1512-7; 16,90 DM

- Ludwig, Claudia: „Ein junger Hund zieht ein. Auswahl – Haltung – Erziehung", Niedernhausen/Ts.: Falken, [1]1996, 96 Seiten, ISBN 3-8068-1678-6 ; 16,90 DM

- Macleod, George: „Homöopathischer Ratgeber HUNDE. Erprobte Rezepturen", München: BLV, [1]1992, 223 Seiten, ISBN 3-405-14272-5; 28 DM

- Macleod, George: „Homöopathischer Ratgeber KATZEN. Erprobte Rezepturen", München: BLV, [1]1992, 166 Seiten, ISBN 3-405-14271-7; 28 DM

- Morris, Desmond: „DOGWATCHING – Die Körpersprache des Hundes", München: Heyne, [6]1990, 167 Seiten, ISBN 3-453-00551-1; 39,80 DM – als Taschenbuch: 24,80 DM

- Morris, Desmond: „CATWATCHING – Die Körpersprache der Katze", München: Heyne, [6]1990, 193 Seiten, ISBN 3-453-08876-X; 39,80 DM – als Taschenbuch vergriffen

- Morris, Desmond: „KATZEN – ihr Mythos – ihre Sprache – ihr Verhalten", München: Heyne, [2]1988, 167 Seiten, ISBN 3-453-00545-7; 24,80 DM

17. Anhang

- Morris, Desmond: „HORSEWATCHING – Die Körpersprache des Pferdes", München: Heyne, ³1991, 157 Seiten, ISBN 3-453-03222-5; 26,80 DM

- Pirinçci, Akif: „Felidae", Roman, München: Goldmann Taschenbuch, ¹⁴1989, 288 Seiten, ISBN 3-442-09298-1; 14,90 DM

- Pirinçci, Akif: „Francis. Felidae II." Roman, München: Goldmann , ¹1989, 318 Seiten, ISBN 3-442-30428-8; 38 DM – als Taschenbuch: 14,90 DM

- Pirinçci, Akif/Degen, Rolf: „Das große Felidae-Katzenbuch", München: Goldmann, ¹1994, 252 Seiten, ISBN 3-442-30608-6; 39,80 DM – als Taschenbuch: 14,90 DM

- Silvester, Hans W.: „Tauben", Rüschlikon-Zürich: Albert Müller, ¹1990, herrlicher Fotobildband, ISBN 3-275-00991-5; 79 DM

- Strunden, Hans: „Kakadus und ihre Welt", Walsrode: Horst Müller, ¹1989, ebenfalls wunderschöner Bildband, 144 Seiten, ISBN 3-923269-30-7; 88 DM

- Trumler, Eberhard: „Mit dem Hund auf du", München: (Serie) Piper, ⁴ 1996, 302 Seiten, ISBN 3-492-21135-6; 19,90 DM

- Trumler, Eberhard: „Hunde ernst genommen", München: (Serie) Piper, ³1995, 307 Seiten, ISBN 3-492-11044-4, 19,90 DM

- Voltz, Reiner: „Schäferhunde. Erziehung. Pflege. Ernährung", Niedernhausen: Falken, ¹1994, 96 Seiten, ISBN 3-8068-1513-5; 16,90 DM

- Weidt, Heinz: „Der Hund, mit dem wir leben: Verhalten und Wesen", Berlin: Parey Buchverlag, ²1993, 231 Seiten, ISBN 3-8263-8034-7; 48 DM

- Weidt, Heinz/Berlowitz, Dina: „Spielend vom Welpen zum Hund: Leitfaden für die Entwicklung des jungen Hundes", Augsburg: Naturbuch, 1996, 128 Seiten, ISBN 3-89440-187-7; 24,80 DM

- Westerhuis, A.H.: „Homöopathie für Hunde", München: Knaur Taschenbuch, ¹1991, 428 Seiten; ISBN 3-426-04263-0, 18,90 DM

4. ANMERKUNGEN

[1] Das war jetzt nur ein Beispiel – nichts gegen Neufundländer! Ich persönlich kenne keinen unverträglichen Vertreter dieser Rasse.

[2] Nur mit einer Laufkette ist Kettenhaltung in Deutschland noch gestattet, was natürlich leider nicht heißt, daß die Haltung mit normaler Kette nirgends

17. Anhang

mehr praktiziert wird. Aber durch das offizielle Verbot haben Tierfreunde und -schützer wenigstens die gesetzlichen Voraussetzungen für eine Anzeige wegen nicht-artgerechter Haltung oder gar Tierquälerei.

[3] So kaufen Besitzer besonders großer Hunde beispielsweise oft größere Fleischmengen direkt ab dem Schlachthof oder billigeres Fleisch von notgeschlachteten Tieren, das sie dann portioniert einfrieren. Wer ein Auto hat, kann in Groß-, Super- oder speziellen Hundenahrungsdiskountmärkten gleich ganze Paletten von Dosenfutter im Sonderangebot kaufen. Vielleicht kann Ihnen ihr Tierschutzverein hier noch ein paar günstige Möglichkeiten in Ihrer Umgebung nennen. Ich habe meinem Mikis immer noch Haferflocken oder Reis sowie etwas Gemüse, vor allem kleingeriebene Karotten, unters Fleisch gemischt.

[4] Diese Schäferhundflut bestätigt sogar Reiner Voltz, der Pressesprecher des Vereins für Deutsche Schäferhunde (SV) und schreibt gleich zu Beginn seines Buches über Schäferhunde (s. Literaturangaben): „30 000 von den insgesamt etwa 100 000 Welpeneintragungen aller im Verband für das Deutsche Hundewesen (VDH) organisierten Rassehundezuchtvereine fallen jedes Jahr auf die nicht nur in Deutschland beliebteste Hunderasse: den Deutschen Schäferhund. Berücksichtigt man zudem, daß unter den schätzungsweise vier Millionen Hunden, die es derzeit in Deutschland gibt, jeder dritte ein Mischling ist und unter diesen die

schäferhund-ähnlichen Kreuzungen auch den Ton angeben, dann wird die Dominanz dieser Rasse besonders eindrucksvoll gezeigt."

So isses! Nur, ich fürchte, wir ziehen unterschiedliche Schlüsse aus dieser Tatsache ... Toll finde ich jedoch, daß Voltz im Gegensatz zu vielen anderen Autoren von Rasse-Monographien wenigstens darauf eingeht, daß gerade Schäferhunde „leider recht häufig in den Quartieren der Tierheime anzutreffen sind" und die Möglichkeit eines Tierheimhundes zumindest erwähnt!

[5] In Österreich ist von jährlich 9 000 offiziell registrierten Rassewelpen ungefähr jeder fünfte ein Deutscher Schäferhund. Bei den Eidgenossen bringen es die Züchter der SKG auf 14 000 neue Rassehunde pro Jahr. – 1993 waren darunter 1282 offiziell gemeldete Schäferhunde.

[6] „Rote Papiere" sind aus Sicht des Schäferhundzüchters etwas ganz Tolles, nämlich der Beleg, daß beide Elternteile eines Welpen – nach Kriterien des SV – hohen Anforderungen gerecht werden und nachgeprüft superzuchttauglich („angekört") sind, weil sie mindestens eine Zuchtnote „gut" bekommen, eine Schutzhundeprüfung abgelegt sowie eine 20-km-Ausdauerprüfung bestanden haben. Außerdem muß der positive HD-Befund den Status „a zuerkannt" dokumentieren.

[7] Falls Sie solch einem ehemaligen und in der Regel daher etwas scheuen und in

17. Anhang

einer normalen Umgebung noch ein wenig unsicheren Labor-Beagle ein Zuhause geben möchten, können Sie mit den beiden folgenden Tierschutzvereinen Kontakt aufnehmen, die diese Hunde regelmäßig aufnehmen und vermitteln: TSV Wipperfürth: Tel.: 0 22 67 - 37 70 (Anschrift s. Liste im Anhang) oder Bund gegen den Mißbrauch der Tiere, Tierheim Elisabethenhof, Siedlerstraße 2, 61 203 Reichelsheim b. Friedberg, Tel.: 0 60 35 - 59 16

[8] Schätzungsweise über eine halbe Million Katzen werden ferner alljährlich überfahren oder von Jägern erschossen. – Und die für mich immer wieder absolut unfaßbare Zahl der bei uns jährlich (!) aufgegriffenen Fundhunde schätzt der Deutsche Tierschutzbund übrigens auf 180 000 allein in den alten Bundesländern.

[9] Nachdem die katastrophalen Zustände in Berlin, Dresden, Leipzig und anderen (Groß)Städten bereits früh bekannt wurden, kommt nun die jüngste Hiobs-Botschaft von der Ostsee, wo entlang der Küste Tausende wildlebender Katzen im Elend leben und sterben.

[10] Ja, ja, ich weiß schon, daß Katzen auch schnurren können, wenn es ihnen schlecht geht und wenn sie Schmerzen

Mikis, ein „ziemlicher" Schäferhund, der als Welpe in einer Plastiktüte auf einer griechischen Insel gefunden worden ist, lebte über 13 Jahre mit Claudia Ludwig und hat ihr fast alles beigebracht, was sie über Hunde weiß

17. Anhang

haben. Aber in unserem Fall schnurrten sie wirklich aus Wohlbehagen. Das kann man schon unterscheiden.

[11] vgl. den Abschnitt 3.3. Die Vermittlungsgebühr im Kapitel 5

[12] Natürlich bekommen auch die größeren Tierheime viel zu wenig Geld von den Kommunen, höchstens ein paar Mark pro Unterbringungstag eines Fundtieres. Reich wird davon kein Verein, aber es ist halt immerhin besser als nichts.

[13] Ich mußte damit leider warten, bis mein geliebter alter Hund Mikis gestorben war, denn er hätte niemals Katzen geduldet. Als dann kurz nach ihm auch noch unser Kanarienvogel starb, war der Weg endgültig frei für zwei Tierheim-Katzen. Denn unsere kleine Hündin Selina verträgt sich mit allem und jedem; sie ist aber auch einfach ein Engel!

[14] Der Ausdruck „Dosenöffner" stammt von dem Bonner Bestseller-Autor und Katzenliebhaber Akif Pirinçci. In seinen beiden Katzenkrimis „Felidae" und „Francis" läßt er die Katzen, wenn sie sich mit ihresgleichen unterhalten, von „Dosenöffnern" sprechen. Auf ziemlich respektlose und desillusionierende Weise sind damit wir Menschen gemeint, Katzenhalter, deren Hauptvorzug für die Samtpfoten schlicht und einfach darin zu sehen ist, daß wir ihnen die Futterdosen aufmachen. Mahlzeit! Die Angaben zu den Detektivromanen „Felidae I und II" finden Sie im Literaturverzeichnis.

[15] Die Tierschutzvereine und -heime Köln-Zollstock sowie Frankfurt am Main verfügen beispielsweise über solch eine spezielle abgeschlossene Leukose-Station innerhalb des Quarantänebereichs für infizierte, aber äußerlich gesunde Katzen.

Im Frankfurter Tierheim hält ein gut 10jähriger Kater den Rekord: Seit sage und schreibe sechs Jahren lebt er mit dem Virus infiziert und putzmunter in der Leukose-Station. Verwundert haben die Tierschützer ihn deshalb im Laufe der Jahre immer wieder einmal getestet. Das Ergebnis war – leider – jedesmal positiv. Ohne Zweifel ist er also infiziert, kann aber offensichtlich sehr gut damit leben.

[16] Immer noch und immer wieder registrieren Katzenhalter und Tierschützer, daß in bestimmten Gegenden auffallend viele Katzen verschwinden. Mitunter werden Tierfänger – und wahrscheinlich Versuchslaborlieferanten – sogar beobachtet. Meist sind es unauffällige Lieferwagen, in denen die Tierfänger ab der Abenddämmerung unterwegs sind. Als eine bevorzugte Tatzeit haben sich beispielsweise Sperrmülltage in ländlicheren Regionen herausgestellt, wo, während die Menschen die Möbel nach draußen tragen, viele Haustiere unbeobachtet durch offene Türen und Pforten auf die Straße gelangen können und ein Lieferwagen wenig auffällt.

[17] Das gilt selbstverständlich genauso für die Wahl eines neuen Hundes oder sonstigen Haustieres.

17. Anhang

[18] Es gibt übrigens auch einen heimischen Hamster: Unser Feldhamster gehört zu der Gattung der Großhamster und ist ein scheues Wildtier, dessen Bestand in Mitteleuropa leider inzwischen durch Flur- und Saatgutbereinigung stark abgenommen hat.

[19] „Echte" Hasen wie der Europäische Feldhase, der bei uns heimisch ist, sind scheue Wildtiere, die nichts in menschlicher Obhut zu suchen haben, es sei denn, sie sind verletzt und müssen von Fachleuten vorübergehend gepäppelt werden. Leider ist der Hase trotz seiner sprichwörtlichen Fruchtbarkeit bei uns inzwischen stark gefährdet.

[20] vgl. dazu den Schluß des 6. Kapitels „Der Einzug" und die entsprechende Adressen- und Literaturangabe im Anhang

[21] In Ausnahmefällen und aufgrund aktueller Programmänderungen am Sonntag (z.B. Sport- oder Karnevalsübertragungen) kann sich die Uhrzeit der Wiederholung leider mitunter nach vorne oder hinten verschieben.

[22] Das gilt übrigens auch für den ersten Rundgang nach einem Umzug. Auch in einer neuen Wohnung müssen Sie Ihre Katze erst einmal ein paar Wochen einsperren, damit sie die Umstellung verarbeitet und ihr das neue Heim vertraut wird. Erst dann darf sie raus.

[23] Gerade bei pechschwarzen Katzen sollten man besonders darauf achten, an welchen Orten man sie frei herumlaufen läßt. Es klingt unglaublich, ist aber leider wahr: Schwarze Katzen werden mitunter – im wahrsten Sinne des Wortes „Opfer" satanistischer Messen und okkulter Zeremonien und dabei grausam getötet. In Gegenden, in denen das schon einmal vorgekommen ist, sollte man keiner schwarzen Katze Freilauf gewähren. Das ist übrigens auch der Grund, weshalb etliche Tierschutzvereine schwarze Katzen lieber nur als reine Stubentiger vermitteln.

[24] Literaturangabe und Kontaktadresse siehe Anhang, S. 125

[25] Übrigens hatte ich nie wieder Probleme mit einäugigen Tieren. Bei allen anderen irritierte oder störte mich der dadurch veränderte Blick kein bißchen.

[26] Trotzdem hat Monika Siebert gemeinsam mit den neuen Besitzerinnen ein Merkblatt zusammengestellt, das alle Informationen enthielt, die wir selbst hatten. Ob es einem anderen HD-kranken Hund helfen konnte, wissen wir leider nicht.

[27] Wie es nun mit 24 Folgen pro Jahr aussieht, ob es nun so um die vierzig Tiere sein werden oder nicht, das wissen wir noch nicht.

[28] Ich bin strikt dagegen, daß zweimal ein extrem ähnliches Tier in der Sendung vorgestellt wird, in diesem Fall nicht etwa, weil ich fürchte, daß Sie das langweilen könnte, sondern, weil man dann den zweiten Kandidaten mit Sicher-

17. Anhang

heit auch ohne Vorstellung mitvermitteln kann und dadurch ein Platz für ein anderes Tierheimtier frei wird. Also wenn für einen dreijährigen Husky ziemlich viele Leute anrufen, dann kann man doch den ein oder anderen netten Anrufer darauf hinweisen, daß im Tierheim X ein ähnlicher Husky sitzt, und den auf diese Weise auch noch an das neue Herrchen oder Frauchen bringen.

[29] Trotzdem stößt diese kluge Idee bisher bei Behörden und Politikern auf taube Ohren ...

[30] Ja, ja, das sind einige wenige schwarze Schafe, kommentiert der Verband der Zoohändler immer wieder solche Vorwürfe. Die uns angeschlossenen Fachgeschäfte würden so etwas nie machen. Daß aber selbst die Zoogeschäfte des Zentralverbandes Zoologischer Fachbetriebe – ZZF – alles andere als vorbildlich sein können, durfte ich vor wenigen Monaten selbst feststellen: In einem vom Verband speziell für unsere Dreharbeiten empfohlenen Zoomarkt wurde nicht nur eine Wildfang(!)-Amazone zum Kauf angeboten,

sondern auch gefährlicher Schnickschnack, Spielsachen, mit denen die Kinder „besser" mit Kleintieren spielen können, auch, wenn das Hamsterbeinchen dabei schnell abgeklemmt werden kann und Verletzungen des Tiere geradezu vorprogrammiert sind!

[31] Damals hat Redakteur Dieter Kaiser auf die zwölfte Sendung im Dezember bewußt verzichtet, um zu vermeiden, daß unsere Tiere als Geschenk unterm Weihnachtsbaum landen, was ja aus Sicht des Tierschutzes aus zwei Gründen abgelehnt wird: Erstens ist ein lebendiges Tier in der Regel kein geeignetes Geschenk, schon gar keine Überraschung, sondern in der Tat eine im schlechten Sinne „schöne Bescherung". Kinder verlieren an Geschenken mitunter schon bald das Interesse. Besser ist es daher, ein Kind sucht sich selbst sein Tier im Tierheim aus und bekommt es auch nicht an einem bestimmten Fest- oder Geburtstag serviert. Natürlich gibt es verantwortungsvolle Kinder und Familien, so daß man in Ausnahmefällen (!) ein Tierheimtier als Weihnachtsgeschenk tolerieren kann.
Aber dann bleibt immer noch ein zweiter Kritikpunkt an einer Weihnachtsvermittlung: Der kaum vermeidbare Feiertagstrubel mit Besuchen und Ausflügen ist nicht geeignet, ein Tierheimtier einfühlsam ins neue Zuhause zu integrieren. Und ganz vorsichtige Tierschutzvereine vermitteln das Wunschtier sogar am liebsten erst nach Neujahr. Denn zu oft schon haben unerfahrene Tierhalter dann doch nicht genügend aufgepaßt und ihren

17. Anhang

neuen Schützling ausgerechnet am Silvestertag entlaufen oder entfliegen lassen oder versäumt, die Freigänger-Katze rechtzeitig vor der Knallerei unter Sicherheitsgewahrsam zu stellen.

Später haben wir dann, wie Sie vielleicht gemerkt haben, doch wieder das Jahres-Dutzend voll gemacht. Denn sowohl unseren Zuschauern als auch unseren Tierschutzvereinen trauen wir zu, die o.g. typischen Gefahren einer Dezember-Vermittlung durchaus in den Griff zu bekommen, zum Beispiel, indem zwar Tiere vorgestellt und auch schon zugesprochen werden, aber erst „zwischen den Jahren" oder zum Jahresbeginn ins neue Zuhause einziehen. Und dann erweist sich auch der für diese Zeit vielleicht bereits lange geplante Skiurlaub keineswegs als Handicap ...

[32] Bitte haben Sie Verständnis dafür, daß sich zwischenzeitlich die ein oder andere Telefonnummer oder Adresse geändert haben kann.

[33] Der Dortmunder Katzenschutzverein e.V. nimmt zwar nicht an unseren Sendungen teil, sollte aber trotzdem in einer Liste Nordrhein-Westfälischer Tierschutzorganisationen nicht fehlen, da er eine besonders interessante und vielschichtige Tierschutzarbeit leistet. Ich habe einmal für die WDR-Tierredaktion einen Film über das Engagement des Vereins in Bezug auf Tiere in Altenheimen gemacht. Denn in Zusammenarbeit mit dem Dortmunder Sozialamt haben die Tierschützer einige geeignete Hunde und Katzen erfolgreich an mehrere Dortmunder Altenheime, ja sogar auf Pflegestationen mit bettlägerigen alten Menschen vermittelt. Der Modellversuch hat sich bestens bewährt. Die Tiere machen den Heimbewohnern sehr viel Freude, ermuntern sie zu Spaziergängen und anderen Aktivitäten (z. B. Leckerchen einkaufen) und verursachen so gut wie keine Mehrarbeit für das Pflegepersonal. Nach diesen guten Erfahrungen haben manche Heime sogar noch weitere Vierbeiner „als Verstärkung" angefordert.

[34] Das Tierhilfswerk Ratingen heißt einfach zufällig „Tierhilfswerk", so wie andere Organisationen „Tierschutzverein" oder „Tierhilfe", und hat nichts mit dem Deutschen und dem Europäischen Tierhilfswerk zu tun.

[35] Haben Sie bitte Verständnis dafür, daß sich Preise verändern und Auflagen mitunter vergriffen sein können.

18. Index

A

Abgabetermin 119
Aggressionen 121, 124
Aggressivität 117, 119, 121, 123
Altenheim 142
Angstbeißer 117
artgerechte Haltung 50, 56, 62, 137
Ausgang 39
Auslauf 16, 49, 50, 88
Autofahrt 28, 30, 70, 81, 119

B

Bastard 21, 22, 23
behinderte Tiere 11, 39
Behinderung 9
Besuch im Tierheim 61
Beutefangverhalten 125
Bewegungsbedürfnis 15
Bewegungsdrang 14

C

Charakter 22, 42, 102

D

Drittkatze 32, 33

E

Edelkatze 42
Eingewöhnung 36, 70, 79, 82
Einschläferung 35, 53, 63, 103
Einzelhaltung 55, 62
Einzeltier 32, 48, 57
Einzug 25, 70, 140
Entwicklungsphase 116, 117, 118
Esel 13, 52, 54, 55
Europäisch Kurzhaar 41, 42, 69

F

Fahrt zum Tierarzt 81
Fellpflege 84
Fenster, gekippt 80
FIP 34, 68
FIV 34, 68
Flohbefall 84, 86
Fortpflanzungspyramide 27, 28, 36
Freigang 33, 35, 47, 62, 71, 87
Freigänger 38, 39, 71, 76, 82, 84, 142
Freigehege 88
Freilauf 86, 140
Futterkosten 16, 32, 55

G

Geflügel 57
Gehege 46, 49, 50, 67, 86, 87, 88
genetische Defekte 122

H

Hamster 45, 47, 48, 50, 51, 66, 88, 107, 110, 111, 112, 140, 141
Hamsterkäfig 88
Hase 48, 49, 50, 110, 140
HD 68, 94, 95, 137, 140
Herdentier 55
Hüftgelenksdysplasie 93
Hundesteuer 105, 106

I

Impfung 16, 29, 36, 50, 64, 67, 68, 78

J

Jahresbilanz 110
Jungtier 40, 125

K

Käfig 45, 46, 47, 48, 49, 50, 55, 56, 62, 86, 87, 88
Käfigtier 45, 50, 57
Kanarienvogel 11, 55, 56, 57, 139
Kaninchen 45, 46, 48, 49, 50, 51, 62, 110, 111, 112
Kaninchenkäfig 88
Kastration 27, 37, 68, 78, 85
Katzen-Aids 34
Katzenfalle 76, 78
Katzenhilfe 30, 67, 95
Katzenkorb 82
Katzenschutzorganisation 30
Katzentoilette 82, 83, 125
Kette 15, 62, 63, 97, 136
Kinder 40, 46, 47, 48, 49, 60, 62, 70, 141
Kleintier 44, 45, 46, 48, 50, 66, 86, 107, 111, 112, 141
Kontaktaufnahme 59
Kontrolle 63, 64, 65, 73, 102
Körperpflege 84
Kotabsetzen 125
Krankheit 34
Kratzbaum 83, 84

L

Labor-Beagle 138
Langhaarkatze 84
Leukose 34, 36, 68, 96, 139

M

Massenzucht 120
Maus 48, 50, 51, 111

18. Index

Meerschweinchen 45, 46, 48, 49, 50, 51, 56, 62, 66, 107, 110, 111
Meerschweinchenkäfig 88
Mischling 9, 10, 11, 16, 17, 20, 21, 22, 23, 24, 25, 42, 58, 64, 66, 69, 91, 93, 95, 98, 108, 112
mißverständliche Kommunikation 124

N

Nager 44, 45, 47, 48, 49, 51, 62, 88
Nagetier 46, 48

O

Ohrmilben 84, 85

P

Papagei 11, 46, 55, 56, 62, 66, 88, 111
Patenschaft 31, 53
Pferd 11, 52, 53, 54, 55, 110
Pferdeschutzhof 52
Pflegestelle 29, 30, 31, 33, 68, 81, 102
Problemtier 5, 11, 42
Problemverhalten 113, 114, 123, 124
Promenadenmischung 20
Protest 34

R

Rassehund 7, 18, 21, 22, 24, 69, 113, 137
Rassekatze 41, 42, 69
Rassetier 11, 42, 93
Ratte 48, 50, 51, 66, 110, 111
Reise 12, 81, 98
Rote Papiere 18

S

Schaf 11, 51, 52, 110
Schlafplatz 79, 82
Schutzgebühr 66
Schutzhof 52, 55
Schutzvertrag 50, 56, 61, 62, 63, 68, 102
schwarze Katzen 140
soziale Unsicherheit 117, 121
Sozialverhalten 118
Spiegel 88
Spielgefährte 40
stereotype Verhaltensweisen 87
Stereotypien 115, 120, 121
störendes Verhalten 114
Streifenhörnchen 48, 86, 87, 88, 102
Streuner 26, 30, 34, 36, 38, 70, 74, 76, 78, 108

T

Tierarzt 24, 34, 62, 67
Tiere von Privatpersonen 100
Tierfänger 39, 139
Tierquälerei 37, 41, 103, 107, 137
Tod 47, 48, 81
Transportbox 81
Transportkäfig 88
Transportkorb 81, 82

U

Überforderung 123
Unterforderung 123
Urinabsetzen 125
Urlaub 77, 98

V

Verhaltensstörung 113, 114, 115, 116, 117, 118, 120, 121, 122, 123
Vermittlung 8, 10, 29, 36, 52, 55, 58, 59, 61, 62, 63, 64, 65, 68, 69, 84, 89, 94, 101, 102, 104, 109, 110, 112

Vermittlungsgebühr 53, 66, 69, 139
Vermittlungsspende 50, 53, 66, 69
verwilderte Hauskatze 27, 30, 36, 37, 76, 77, 78, 79
Viruskrankheit 34, 35, 39, 68, 96
Virusträger 34, 35, 36
Vogel 55, 56, 57, 62, 66, 77, 86, 102, 107, 111
Vogelkäfig 88
Voliere 55, 56, 67, 86, 87, 88
Vorurteil 14, 16, 32, 113

W

Wellensittich 11, 45, 46, 55, 56, 107, 110, 111
Wellensittichkäfig 88
Welpe 10, 11, 18, 22, 25, 40, 63, 79, 89, 93, 113, 117, 118, 119, 120, 124, 137
wildlebende Hauskatze 36, 107
Wohnungskatze 32, 35, 36, 38, 39, 40, 84, 125, 126
Wüstenrennmaus 45

Z

Zecke 38
Ziege 11, 51, 52, 55, 111
Zoogeschäft 44
Zoohändler 44, 46, 47, 69
Zubehör 81, 84, 88
Zucht 18, 23, 41, 46, 64, 106, 114, 118, 121
Züchter 18, 22, 24, 25, 28, 41, 42, 56, 69
Zuchtkaninchen 45
Zweitkatze 33
Zwergkaninchen 44, 45, 46, 48, 49, 50, 107
Zwinger 15, 17, 62, 63